Вадим

Михаил Лермонтов

Вадим

Copyright © 2022 Indo-European Publishing

ISBN: 978-1-64439-837-1

СОДЕРЖАНИЕ

ВАДИМ

ВАДИМ

ГЛАВА I

День угасал; лиловые облака, протягиваясь по западу, едва пропускали красные лучи, которые отражались на черепицах башен и ярких главах монастыря. Звонили к вечерни; монахи и служки ходили взад и вперед по каменным плитам, ведущим от кельи архимандрита в храм; длинные, черные мантии с шорохом обметали пыль вслед за ними; и они толкали богомольцев с таким важным видом, как будто бы это была их главная должность. Под дымной пеленою ладана трепещущий огонь свечей казался тусклым и красным; богомольцы теснились вокруг сырых столбов, и глухой, торжественный шорох толпы, повторяемый сводами, показывал, что служба еще не началась.

У ворот монастырских была другая картина. Несколько нищих и увечных ожидали милости богомольцев; они спорили, бранились, делили медные деньги, которые звенели в больших посконных мешках; это были люди, отвергнутые природой и обществом (только в этом случае общество согласно бывает с природой); это были люди, погибшие от недостатка или излишества надежд, олицетворенные упреки провидению; создания, лишенные права требовать сожаления, потому что они не имели ни одной добродетели, и не имеющие ни одной добродетели, потому что никогда не встречали сожаления.

Их одежды были изображения их душ: черные, изорванные. Лучи заката останавливались на головах, плечах и согнутых костистых коленах; углубления в лицах казались чернее обыкновенного; у каждого на челе было написано вечными

1

буквами нищета! — хотя бы малейший знак, малейший остаток гордости отделился в глазах или в улыбке!

В толпе нищих был один — он не вмешивался в разговор их и неподвижно смотрел на расписанные святые врата; он был горбат и кривоног; но члены его казались крепкими и привыкшими к трудам этого позорного состояния; лицо его было длинно, смугло; прямой нос, курчавые волосы; широкий лоб его был желт как лоб ученого, мрачен как облако, покрывающее солнце в день бури; синяя жила пересекала его неправильные морщины; губы, тонкие, бледные, были растягиваемы и сжимаемы каким-то судорожным движением, и в глазах блистала целая будущность; его товарищи не знали, кто он таков; но сила души обнаруживается везде: они боялись его голоса и взгляда; они уважали в нем какой-то величайший порок, а не безграничное несчастие, демона — но не человека: — он был безобразен, отвратителен, но не это пугало их; в его глазах было столько огня и ума, столько неземного, что они, не смея верить их выражению, уважали в незнакомце чудесного обманщика. Ему казалось не больше 28 лет; на лице его постоянно отражалась насмешка, горькая, бесконечная; волшебный круг, заключавший вселенную; его душа еще не жила по-настоящему, но собирала все свои силы, чтобы переполнить жизнь и прежде времени вырваться в вечность; — нищий стоял сложа руки и рассматривал дьявола, изображенного поблекшими красками на св. вратах, и внутренно сожалел об нем; он думал: если б я был черт, то не мучил бы людей, а презирал бы их; стоят ли они, чтоб их соблазнял изгнанник рая, соперник бога!.. другое дело человек; чтоб кончить презрением, он должен начать с ненависти!

И глаза его блистали под беспокойными бровями, и худые щеки покрывались красными пятнами: всё было согласно в чертах нищего: одна страсть владела его сердцем, или, лучше, он владел одною только страстью, — но зато совершенно!

"Христа ради, барин, — погорелым, калекам, слепому... Христа ради копеечку!" — раздался крик его товарищей; он вздрогнул, обернулся — и в этот миг решилась его участь. — Что же увидал он? русского дворянина, Бориса Петровича Палицына. Не больше.

ГЛАВА II

Представьте себе мужчину лет 50, высокого, еще здорового, но с седыми волосами и потухшим взором, одетого в синее полукафтанье с анненским крестом в петлице; ноги его, запрятанные в огромные сапоги, производили неприятный звук, ступая на пыльные камни; он шел с важностью размахивая руками и наморщивал высокий лоб всякий раз, как докучливые нищие обступали его; — двое слуг следовали за ним с подобострастием. — Палицын положил серебряный рубль в кружку монастырскую и, оттолкнув нищих, воскликнул: "Прочь, вы! — лентяи. — Экие молодцы — а просят христа ради; что вы не работаете? дай бог, чтоб пришло время, когда этих бродяг без стыда будут морить с голоду. — Вот вам рубль на всю братию. — Только чур не перекусайтесь за него".

Между тем горбатый нищий молча приблизился и устремил яркие черные глаза на великодушного господина; этот взор был остановившаяся молния, и человек, подверженный его таинственному влиянию, должен был содрогнуться и не мог отвечать ему тем же, как будто свинцовая печать тяготела на его веках; если магнетизм существует, то взгляд нищего был сильнейший магнетизм.

Когда старый господин удалился от толпы, он поспешил догнать его.

Палицын обернулся.

— Что тебе надобно?

— Очень мало! — я хочу работы...

С язвительной усмешкой посмотрел старик на нищего, на его горб и безобразные ноги... но бедняк нимало не смутился и остался хладнокровен, как Сократ, когда жена вылила кувшин

4

воды на его голову, но это не было хладнокровие мудреца — нищий был скорее похож на дуэлиста, который уверен в меткости руки своей.

— Если ты, барин, думаешь, что я не могу перенесть труда, то я тебя успокою на этот счет. — Он поднял большой камень и начал им играть как мячиком; Палицын изумился.

— Хочешь ли быть моим слугою?

Нищий в одну минуту принял вид смирения и с жаром поцеловал руку своего нового покровителя... из вольного он согласился быть рабом — ужели даром? — и какая странная мысль принять имя раба за 2 месяца до Пугачева.

— Клянусь головою отца моего, что исполню свою обязанность! — воскликнул нищий, — и адская радость вспыхнула на бледном лице.

— Твое имя?

— Вадим!

— Прелестное имя для такого урода!

Слуги подхватили шутку барина и захохотали; нищий взглянул на них с презрением, и неуместная веселость утихла; подлые души завидуют всему, даже обидам, которые показывают некоторое внимание со стороны их начальника.

— Следуй за мной!.. — сказал Палицын, и все оставили монастырь. Часто Вадим оборачивался! на полусветлом небосклоне рисовались зубчатые стены, башни и церковь, плоскими черными городами, без всяких оттенок; но в этом зрелище было что<-то> величественное, заставляющее душу погружаться в себя и думать о вечности, и думать о величии земном и небесном, и тогда рождаются мысли мрачные и чудесные, как одинокий монастырь, неподвижный памятник слабости некоторых людей, которые не понимали, что где скрывается добродетель, там может скрываться и преступление.

ГЛАВА III

Поздно, поздно вечером приехал Борис Петрович домой; собаки встретили его громким лаем, и только по светящимся окнам можно было узнать строение; ветер шумя качал ветелки, насаженные вокруг господского двора, и когда топот конский раздался, то слуги вышли с фонарями навстречу, улыбаясь и внутренно проклиная барина, для которого они покинули свои теплые постели, а может быть, что-нибудь получше. Палицын взошел в дом; — в зале было темно; оконницы дрожали от ветра и сильного дождя; в гостиной стояла свеча; эта комната была совершенно отделана во вкусе 18-го века: разноцветные обои, три круглые стола; перед каждым небольшое канапе; глухая стена, находящаяся между двумя высокими печьми, на которых стояли безобразные статуйки, была вся измалевана; на ней изображался завядшими красками торжественный въезд Петра I в Москву после Полтавы: эту картину можно бы назвать рисованной программой.

Перед ореховым гладким столом сидела толстая женщина, зевая по сторонам, добрая женщина!.. жиреть, зевать, бранить служанок, приказчика, старосту, мужа, когда он в духе... какая завидная жизнь! и всё это продолжается сорок лет, и продолжится еще столько же... и будут оплакивать ее кончину... и будут помнить ее, и хвалить ее ангельский нрав, и жалеть... чудо что за жизнь! особливо как сравнишь с нею наши бури, поглощающие целые годы, и что еще ужаснее — обрывающие чувства человека, как листы с дерева, одно за другим.

На скамейке, у ног <Натальи> Сергевны (так я назову жену Палицына), сидела молодая девушка, ее воспитанница. — Это был ангел, изгнанный из рая за то, что слишком сожалел о человечестве. — Сальная свеча, горящая на столе, озаряла ее невинный открытый лоб и одну щеку, на которой, пристально вглядываясь, можно было бы различить мелкий золотой пушок; остальная часть лица ее была покрыта густой тенью; и только когда она поднимала большие глаза свои, то иногда две искры света отделялись в темноте; это лицо было одно из тех, какие мы видим во сне редко, а наяву почти никогда. — Ее грудь тихо колебалась, порой она нагибала голову, всматриваясь в свою работу, и длинные космы волос вырывались из-за ушей и падали на глаза; тогда выходила на свет белая рука с продолговатыми пальцами; одна такая рука могла бы быть целою картиной!

Борис Петрович взошел; обе встали.

— Я привез нового холопа, сказал он. — Клад! — нищий, который захотел работать! — он не должен быть слишком боек — это видно по лицу — но зато будет послушен!.. — вот ты увидишь сама — эй! — Вадимка! — живо!

Взошел безобразный нищий. Госпожа осмотрела его без внимания, как краденый товар... "Какой урод!" — воскликнула она. Но Вадим не слыхал — его душа была в глазах.

Долго супруг разговаривал с супругой о жатве, льне и хозяйственных делах; и вовсе забыли о нищем; он целый битый час простоял в дверях; куда смотрел он? что думал? — он открыл новую струну в душе своей и новую цель своему существованию. Целый час он простоял; никто не заметил; <Наталья> Сергевна ушла в свою комнату, и тогда Палицын подошел к ее воспитаннице.

— Как тебе нравится мой новый холоп?

— Урод! — отвечала Ольга, и вдруг ей послышалось что-то похожее на скрежет зубов. — Охота привозить таких пугал, — продолжала она, — нам бедным пленным птичкам и без них худо!..

— Оттого худо, что ты не хочешь согласиться, — возразил Борис Петрович и намеревался ее обнять.

Ольга покраснела и оттолкнула его руку; это движение было слишком благородно для женщины обыкновенной.

— Плутовка! если бы ты знала, как ты прекрасна: разве у стариков нет сердца, разве нет в нем уголка, где кровь кипит и клокочет? — а было бы тебе хорошо! — если бы — выслушай... у меня есть золотые серьги с крупным жемчугом, персидские платки, у меня есть деньги, деньги, деньги...

— У вас нет стыда! — отвечала Ольга; Палицын посмотрел на нее — и вспыхнул; — но, услыхав шорох в другой комнате, погрозившись ушел.

— Боже!.. — это восклицание невольно вырвалось из ее груди; это была молитва и упрек.

Безобразный нищий все еще стоял в дверях, сложа руки, нем и недвижим — на его ресницах блеснула слеза: может быть, первая слеза — и слеза отчаяния!.. Такие слезы истощают душу, отнимают несколько лет жизни, могут потопить в одну минуту миллион сладких надежд! они для одного человека — что был Наполеон для вселенной: в десять лет он подвинул нас целым веком вперед.

— Знаешь ли ты своих родителей, Ольга? — сказал Вадим.

— Странный вопрос! — отвечала она.

— Знаешь ли ты их, — повторил он таким голосом, который заставил ее содрогнуться; она посмотрела ему пристально в глаза, как будто припоминая нечто давно, давно прошедшее.

— Я сирота; — мой отец меня оставил, когда я была ребенком, — и отправился бог знает куда — верно очень далеко, потому что он не возвращался — чело Вадима омрачилось, и горькая язвительная улыбка придала чертам его, слабо озаренным догорающей свечой, что-то демонское.

— Хочешь ли знать куда?

— Хочу!.. — и влажные глаза ее ярко заблистали.

— Подумай, — я для тебя человек чужой — может быть, я шучу, насмехаюсь!.. подумай: есть тайны, на дне которых яд, тайны, которые неразрывно связывают две участи; есть люди, заражающие своим дыханием счастье других; всё, что их любит и ненавидит, обречено погибели... берегись того и другого — узнав мою тайну, ты отдашь судьбу свою в руки опасного человека: он не сумеет лелеять цветок этот: он изомнет его...

— Хочу знать непременно... — воскликнула неопытная девушка.

Она посмотрела вокруг — нищего уже не было в комнате.

ГЛАВА IV

Прошло двое суток — Вадим еще не объявлял своей тайны... Ужели он только хотел подстрекнуть женское любопытство? если так, то он вполне достиг своей цели. Под разными предлогами, пренебрегая гнев госпожи своей, Ольга отлучалась от скучной работы и старалась встретить где-нибудь в отдаленной пустой комнате Вадима; и странно! она почти всегда находила его там, где думала найти, — и тогда просьбы, ласки, все хитрости были употребляемы, чтобы выманить желанную тайну, — однако он был непреклонен; умел отвести разговор на другой предмет, занимал ее разными рассказами — но тайны не было; она дивилась его уму, его бурному нраву, начинала проникать в его сумрачную душу и заметила, что этот человек рожден не для рабства: — и это заставило ее иметь к нему доверенность; немудрено; — власть разлучает гордые души, а неволя соединяет их.

Однажды она взяла его за руку.

— Не правда ли я очень безобразен! — воскликнул Вадим. Она пустила его руку. — Да, — продолжал он. — Я это знаю сам. — Небо не хотело, чтоб меня кто-нибудь любил на свете, потому что оно создало меня для ненависти; — завтра ты всё узнаешь: — на что мне беречь тебя? — О, если б... не укоряй за долгое молчанье. — Быть может, настанет время и ты подумаешь: зачем этот человек не родился немым, слепым и глухим — если он мог родиться кривобоким и горбатым?..

Поведение Вадима с прочими слугами было непонятно, потому что его цели никто не знал; я объясню его, сколько можно, следующим разговором; на крыльце дома сидело двое слуг, один старый, другой лет двадцати; вот слова их:

— Заметь, Федька, что кто из грязи вышел, тот лезет в золото! — как этот Вадимка загордился — эдакой урод — мне никогда никакого уважения не делает — когда сам приказчик меня всегда отличает — да и к барину как умеет он подольститься: словно щенок! — Экой век стал нехристиянской.

— Не скажу, дядя Ипат!.. он всегда со мной ласков — парень лихой; с ним держи ухо востро: тотчас на удочку подцепит — вот, например, вчера...

— Что вчера?

— Я тебе расскажу эту штуку, дядя... слушай... вчера барин разгневался на Олешку Шушерина и приказал ему влепить 25 палок; повели Олешку на конюшню — сам приказчик и стал его бить; 25 раз ударил да и говорит: это за барина — а вот за меня — и занес руку. Вадим всё это время стоял поодаль, в углу: брови его сходились и расходились. — В один миг он подскочил к приказчику и сшиб его на землю одним ударом. На губах его клубилась пена от бешенства, он хотел что-то вымолвить — и не мог.

— Жаль! — возразил старик, — не доживет этот человек до седых волос. — Он жалел от души, как мог, как обыкновенно жалеют старики о юношах, умирающих преждевременно, во цвете жизни, которых смерть забирает вместо их, как буря чаще ломает тонкие высокие дерева и щадит пни столетние.

Зачем Вадим старался приобрести любовь и доверенность молодых слуг? — на это отвечаю: происшествия, мною описанные, случились за 2 месяца до бунта пугачевского.

Умы предчувствовали переворот и волновались: каждая старинная и новая жестокость господина была записана его рабами в книгу мщения, и только кровь <его> могла смыть эти постыдные летописи. Люди, когда страдают, обыкновенно покорны; но если раз им удалось сбросить ношу свою, то ягненок превращается в тигра: притесненный делается притеснителем и платит сторицею — и тогда горе побежденным!..

12

Русский народ, этот сторукий исполин, скорее перенесет жестокость и надменность своего повелителя, чем слабость его; он желает быть наказываем, но справедливо, он согласен служить — но хочет гордиться своим рабством, хочет поднимать голову, чтоб смотреть на своего господина, и простит в нем скорее излишество пороков, чем недостаток добродетелей! В 18 столетии дворянство, потеряв уже прежнюю неограниченную власть свою и способы ее поддерживать, — не умело переменить поведения: вот одна из тайных причин, породивших пугачевский год!

ГЛАВА V

Но обратимся к нашему рассказу.

Дом Бориса Петровича стоял на берегу Суры, на высокой горе, кончающейся к реке обрывом глинистого цвета; кругом двора и вдоль по берегу построены избы, дымные, черные, наклоненные, вытягивающиеся в две линии по краям дороги, как нищие, кланяющиеся прохожим; по ту сторону реки видны в отдалении березовые рощи и еще далее лесистые холмы с чернеющимися елями, налево низкий берег, усыпанный кустарником, тянется гладкою покатостью — и далеко, далеко синеют холмы, как волны. Вечернее солнце порою играло на тесовой крыше и в стеклах золотыми переливами, раскрашенные резные ставни, колеблемые ветром, стучали и скрип<ели>, качаясь на ржавых петлях. Вокруг старинного дома обходит деревянная резной работы голодарейка, служащая вместо балкона; здесь, сидя за работой, Ольга часто забывала свое шитье и наблюдала синие странствующие воды и барки с белыми парусами и разноцветными флюгерями. Там люди вольны, счастливы! каждый день видят новый берег — и новые надежды! — Песни крестьян, идущих с сенокоса, отдаленный колокольчик часто развлекали ее внимание — кто едет, купец? барин? почта? — но на что ей!.. не всё ли равно... и все-таки не худо бы узнать.

Какая занимательная, полная жизнь, не правда ли?

Теперь она попала из одной крайности в другую: теперь, завернувшись в черную бархатную шубейку, обшитую заячьим мехом, она трепеща отворяет дверь на голодарейку. — Чего тебе бояться, неопытная девушка: Борис Петрович уехал в город, его жена в монастырь, слушать поучения монахов и новости и<з> уст богомолок, не менее ею уважаемых.

Кто идет ей навстречу. — Это Вадим. — Она вздрогнула; — она побледнела, потому что настала роковая минута.

14

— Что с тобою, — сказал он.

— Ничего...

— А! понимаю! — он закусил губы: — ты меня испугалась...

— Зачем мне бояться тебя, — отвечала гордо Ольга.

— Тем лучше! — продолжал он... — это уже много значит — так я тебе не страшен! не отвратителен... о мой создатель! вот великое блаженство! право, мне кажется это первое... — он остановился...

— Послушай, что если душа моя хуже моей наружности? но разве я виноват... я ничего не просил у людей, кроме хлеба — они прибавили к нему презрение и насмешки... я имел небо, землю и себя, я был богат всеми чувствами... видел солнце и был доволен... но постепенно всё исчезло: одна мысль, одно открытие, одна капля яда — берегись этой мысли, Ольга.

— Для чего мы здесь, — спросила она с нетерпением.

— Я здесь для того, чтобы тебя видеть.

— А я совсем не для того...

— Опять, опять! — воскликнул Вадим. — Послушай, если хочешь чего-нибудь добиться от меня, то не намекай о моем безобразии: я завистлив, я зол, я всё, что ты хочешь... но пощади меня. — Он закрыл лицо обеими руками. — Ей стало жалко: этот человек, одаренный величайшим самолюбием, просил у нее, слабой девушки, у нее, еще более, чем он, беззащитной, сожаления — или нет... меньше... он просил, чтоб она его не оскорбляла.

Такие речи иногда трогают женское сердце.

Она прервала неприятное молчание:

— Ты говорил, Вадим, что знаешь, где мой отец?..

Он задумался:

— Обещай никогда не укорять меня за то, что я тебе открыл свою тайну.

— Никогда.

— Слушай же: твой отец был дворянин — богат — счастлив — и, подобно многим, кончил жизнь на соломе... ты вздрогнула... но это еще ничего!..

— О, если это ничего — то не продолжай.

— Нет слушай: у него был добрый сосед, его друг и приятель, занимавший первое место за столом его, товарищ на охоте, ласкавший детей его, — сосед искренний, простосердечный, который всегда стоял с ним рядом в церкви, снабжал его деньгами в случае нужды, ручался за него своею головою — что ж... разве этого не довольно для погибели человека? — погоди... не бледней... дай руку: огонь, текущий в моих жилах, перельется в тебя... слушай далее: однажды на охоте собака отца твоего обскакала собаку его друга; он посмеялся над ним: с этой минуты началась непримиримая вражда — 5 лет спустя твой отец уж не смеялся. — Горе тому, кто наказал смех этот слезами! Друг твоего отца открыл старинную тяжбу о землях и выиграл ее и отнял у него всё имение; я видал отца твоего перед кончиной; его седая голова, неподвижная, сухая, подобная белому камню, остановила на мне пронзительный взор, где горела последняя искра жизни и ненависти... и мне она осталась в наследство; а его проклятие живо, живо и каждый год пускает новые отрасли, и каждый год всё более окружает своею тенью семейство злодея... я не знаю, каким образом всё это сделалось... но кто, ты думаешь, кто этот нежный друг? — как, небо!.. в продолжение 17-ти лет ни один язык не шепнул ей: этот хлеб куплен ценою крови — твоей — его крови! и без меня, существа бедного, у которого вместо души есть одно только ненасытимое чувство мщения, без уродливого нищего, это невинное сердце билось бы для него одною благодарностью.

— Вадим, что сказал ты.

— Благодарность! — продолжал он с горьким смехом. — Благодарность! Слово, изобретенное для того, чтоб обманывать честных людей!.. слово, превращенное в чувство! — о, премудрость небесная!.. как легко тебе из ничего сделать святейшее чувство!.. нет, лучше издохнуть с голода и жажды в какой-нибудь пустыне, чем быть орудием безумца и лизать руку, кидающую мне остатки пира... — о, благодарность!..

И он ходил взад и вперед скорыми шагами, сжав крестом руки, — и, казалось, забыл, что не сказал имени коварного злодея... и, казалось, не замечал в лице несчастной девушки страх неизвестности и ожидания... он был весь погребен сам в себе, в могиле, откуда также никто не выходит... в живой могиле, где также есть червь, грызущий вечно и вечно ненасытный.

Безобразные черты Вадима чудесно оживились, гений блистал на челе его, — и глаза, если б остановились в эту минуту на человеке, то произвели бы действие глаз василиска: но они были обращены вверх!..

— Я отгадала! — воскликнула молодая девушка, подойдя с твердостию к Вадиму... — я поняла тебя!.. это Борис Петрович...

Она в самом деле отгадала: великие души имеют особенное преимущество понимать друг друга; они читают в сердце подобных себе, как в книге, им давно знакомой; у них есть приметы, им одним известные и темные для толпы; одно слово в устах их иногда целая повесть, целая страсть со всеми ее оттенками.

Палицын был тот самый ложный друг, погубивший отца юной Ольги — и взявший к себе дочь, ребенка 3 лет, чтобы принудить к молчанию некоторых дворян, осуждавших его поступок; он воспитал ее как рабу, а хвалился своею благотворительностью; десять лет тому назад он играл ее кудрями, забавлялся ее ребячествами и теперь в мыслях готовил ее для постыдных удовольствий. Это было также мщение в своем роде... кто бы подумал!.. столько страданий за то, что одна собака обогнала другую... как ничтожны люди! как верить общему мнению! — Палицын слыл честнейшим человеком во всем околотке — и точно! он погубил только одно семейство.

Я сказал, что великие души понимают друг друга, потому-то Вадим смотрел на нее без удивления, но с тайным восторгом.

Она схватила его за руку и повлекла в комнату, где хрустальная лампада горела перед образами и луч ее сливался с лучом заходящего солнца на золотых окладах, усыпанных жемчугом и каменьями; — перед иконой богоматери упала Ольга на колени, спина и плечи ее отделяемы были бледнеющим светом зари от темных стен, а красноватый блеск дрожащей лампады озарял ее лицо, вдохновенное, прекрасное, слишком прекрасное для чувств, которые бунтовали в груди ее; Вадим не сводил глаз с этого неземного существа, как будто был счастлив.

Ольга сорвала с шеи богатое ожерелье и бросила его на землю.

— Так уничтожаю последний остаток признательности... боже! боже! я невиновна... ты, ты сам дал мне вольную душу, а он хотел сделать меня рабой, своей рабой!.. невозможно! невозможно женщине любить за такое благодеяние... терпеть, страдать я согласна... но не требуй более; боже! если б ты теперь мне приказал почитать его своим благодетелем — я и тебя перестала бы любить!.. моя жизнь, моя судьба принадлежат тебе, создатель, и кому ты хочешь — но сердце в моей власти!..

Слезы покатились из глаз ее, она склонила голову, рука ее дрожала в руке Вадима...

— Я твой брат! — воскликнул он вне себя.

Она обернулась, встала... как будто не поняла... как будто

18

ужаснулась... Руки ее опустились, как руки умершей, и сомкнутые уста удерживали дыхание.

— Я твой брат! — повторил он дрожащим, страшным голосом.

Она молчала.

Вадим взглянул на нее в последний раз, схватил себя за голову и вышел; и выходя остановился у двери... и в продолжение одной минуты он думал раздробить свою голову об косяк... но эта безумная мысль скоро пролетела... он вышел.

— Брат! — сказала Ольга, смотря ему вослед. — Брат! И без сил она упала на стул.

ГЛАВА VI

Борис Петрович был чрезвычайно доволен своим горбачем (так в доме называли Вадима). Горбач везде почти следовал за ним, на охоту, в поле, на пашню, — исполнял его малейшие желания, предугадывал их. Одним словом, делал всё, чем мог приобрести доверенность, — и если ему удавалось, то неизъяснимая радость процветала на этом суровом лице, которое выражало все чувства, все, — кроме одного, любимого сокровища, хранимого на черный день. Если Борис Петрович хотел наказать кого-нибудь из слуг, то Вадим намекал ему всегда, что есть наказания, которые жесточе, и что вина гораздо больше, нежели Палицын воображал; — а когда недосказанный совет его был исполнен, то хитрый советник старался возбудить неудовольствие дворни, взглядом, движеньями помогал им осуждать господина; но никогда ничего не говорил такого, что? бы могло быть пересказано ко вреду его — к неудовольствию рабов или помещика. Он был враждебный Гений этого дома.

Однажды, не знаю зачем, Палицын велел его позвать; искали горбача — не нашли. Так это и осталось.

День был жаркий, серебряные облака тяжелели ежечасно; и синие, покрытые туманом, уже показывались на дальнем небосклоне; на берегу реки была развалившаяся баня, врытая в гору и обсаженная высокими кустами кудрявой рябины; около нее валялись груды кирпичей, между коими вырастала высокая трава и желтые цветы на длинных стебельках. Тут сидел Вадим; один, облокотясь на свои колена и поддерживая голову обеими руками; он размышлял; тени рябиновых листьев рисовались на лице его непостоянными арабесками и придавали ему вид таинственный; золотой луч солнца, скользнув мимо соломенной крыши, упадал на его коленку, и Вадим, казалось, любовался воздушной пляской пылинок, которые кружились и подымались к солнцу.

Вчера он открылся Ольге; — наконец он нашел ее, он встретился с сестрой, которую оставил в колыбели; наконец... о! чудна природа; далеко ли от брата до сестры? — а какое различие!.. эти ангельские черты, эта демонская наружность... Впрочем разве ангел и демон произошли не от одного начала?..

Однако Вадим заметил в ней семейственную гордость, сходство с его душой, которое обещало ему много... обещало со временем и любовь ее... эта надежда была для него нечто новое; он хотел ею завладеть, он боялся расстаться с нею на одно мгновение... — и вот зачем он удалился в уединенное место, где плеск волны не мог развлечь думы его; он не знал, что есть цветы, которые чем более за ними ухаживают, тем менее отвечают стараниям садовника; он не знал, что, слишком привязавшись к мечте, мы теряем существенность; а в его существенности было одно мщение.

Постепенно мысли его становились туманнее; и он полусонный лег на траву — и нечаянно взор его упал на лиловый колокольчик, над которым вились две бабочки, одна серая с черными крапинками, другая испещренная всеми красками радуги; как будто воздушный цветок или рубин с изумрудными крыльями, отделанный в золото и оживленный какою-нибудь волшебницей; оба мотылька старались сесть на лиловый колокольчик и мешали друг другу, и когда один был близко, то ветер относил его прочь; наконец разноцветный мотылек остался победителем; уселся и спрятался в лепестках; напрасно другой кружился над ним... он был принужден удалиться. У Вадима был прутик в руке; он ударил по цвету и убил счастливое насекомое... и с каким-то восторгом наблюдал его последний трепет!..

И бог знает отчего в эту минуту он вспомнил свою молодость, и отца, и дом родной, и высокие качели, и пруд, обсаженный ветлами... всё, всё... и отец его представился его воображению, таков, каким он возвратился из Москвы, потеряв свое дело... и принужденный продать всё, что у него осталось, дабы заплатить стряпчим и суду. — И потом он видел его лежащего на жесткой постели в доме бедного соседа... казалось, слышал его тяжелое дыхание и слова: отомсти, сын мой, извергу... чтоб никто из его семьи не порадовался краденым куском... и вспомнил Вадим его похороны: необитый гроб, поставленный на телеге, качался при каждом толчке; он с образом шел вперед... дьячок и священник сзади; они пели дрожащим голосом... и прохожие снимали шляпы... вот стали опускать в могилу, канат заскрыпел, пыль взвилась...

Кровь кинулась Вадиму в голову, он шепотом повторил роковую клятву и обдумывал исполнение; он готов был ждать... он готов был всё выносить... но сестра! если... о! тогда и она поможет ему... и без трепета он принял эту мысль; он решился завлечь ее в свои замыслы, сделать ее орудием... решился погубить невинное сердце, которое больше чувствовало, нежели понимало... странно! он любил ее; — или не почитал ли он ненависть добродетелью?..

Вдруг над ним раздался свист арапника, и он почувствовал сильную боль во всей руке своей; — как тигр вскочил Вадим... перед ним стоял Борис Петрович и осыпал его ругательствами.

Кланяясь, слушал он и с покорным видом последовал за Палицыным в дом, где слуги встретили его с насмешливыми улыбками, которые говорили: пришел и твой черед.

С этих пор Вадим ни разу не забывал своей должности.

ГЛАВА VII

Под-вечер приехали гости к Палицыну; Наталья Сергевна разрядилась в фижмы и парчевое платье, распудрилась и разрумянилась; стол в гостиной уставили вареньями, ягодами сушеными и свежими; Генадий Василич Горинкин, богатый сосед, сидел на почетном месте, и хозяйка поминутно подносила ему тарелки с сластями; он брал из каждой понемножку и важно обтирал себе губы; он был высокого росту, белокур и вообще довольно ловок для деревенского жителя того века; и это потому быть может, что он служил в лейб-кампанцах; 25 лет вышел в отставку, — он женился и нажил себе двух дочерей и одного сына; — Борис Петрович занимал его разговорами о хозяйстве, о Москве и проч., бранил новое, хвалил старое, как все старики, ибо вообще если человек сам стал хуже, то всё ему хуже кажется; — поздно вечером, истощив разговор, они не знали, что начать; зевали в руку, вертелись на местах, смотрели по сторонам; но заботливый хозяин тотчас нашелся:

— Малой! Египетского, — закричал он, в восторге от своей мысли; — принесли две фляги и две большие серебряные кружки; — начали пить, потом спорить, хохотать и целоваться; — щеки их разгорелись, и воображение, охлажденное годами, закипело.

— Потешить ли тебя, сосед любезный! — воскликнул Палицын.

— А что?

— Да уж то, что твоей милости и в голову не придет; любишь ли ты пляску?.. а у меня есть девочка — чудо... а как пляшет!.. жжет, а не пляшет!.. я не монах, и ты не монах, Васильич...

— Избави Христос...

— И точно так!..

— Ну что же?

— Да уж то!.. мать моя, женушка, Наталья Сергевна, — вели Оленьке принарядиться в шелковый святошный сарафан да выйти поплясать; а других пришли петь, да песельников-то нам побольше, знаешь, чтоб лихо... — он захохотал, сам верно не зная чему; и начал потирать руки, заране наслаждаясь успехом своей выдумки; — этот человек, обыкновенно довольно угрюмый, теперь был совершенный ребенок.

Наталья Сергевна приказала сбираться песельникам, а сама вышла искать Ольгу.

Где была Ольга?..

В темном углу своей комнаты она лежала на сундуке, положив под голову свернутую шубу; она не спала; она еще не опомнилась от вчерашнего вечера; укоряла себя за то, что слишком неласково обошлась с своим братом... но Вадим так ужаснул ее в тот миг! — Она думала целый день идти к нему, сказать, что она точно достойна быть его сестрой и не обвиняет за излишнюю ненависть, что оправдывает его поступок и удивляется чудесной смелости его.

Со свечой в руке взошла Наталья Сергевна в маленькую комнату, где лежала Ольга; стены озарились, увешанные платьями и шубами, и тень от толстой госпожи упала на столик, покрытый пестрым платком; в этой комнате протекала половина жизни молодой девушки, прекрасной, пылкой... здесь ей снились часто молодые мужчины, стройные, ласковые, снились большие города с каменными домами и златоглавыми церквами; — здесь, когда зимой шумела метелица и снег белыми клоками упадал на тусклое окно и собирался перед ним в высокий сугроб, она любила смотреть, завернутая в теплую шубейку, на белые степи, серое небо и ветлы, обвешанные инеем и колеблемые взад и вперед; и тайные, неизъяснимые желания, какие бывают у девушки в семнадцать лет, волновали кровь ее; и досада заставляла плакать, вырывала иголку из рук.

— Вставай, Ольга! — закричала Наталья Сергевна, сердито толкнув ее.

Ольга вскочила и зажмурилась, встретив свечу прямо перед глазами.

— Что спала, ленивая...

— У меня голова болит!

— Вздор! девчонка молодая... и смеет голова болеть! просто лень, уж так бы и говорила... а то еще лжет... отвечай: спала, лентяйка?

— Я никогда не лгу.

— Как! еще смеет отвечать, когда я говорю! спорить! ах грубиянка; да не я ли тебя выкормила и воспитала, да не я ли тебя от нищего отца-негодяя взяла на свои руки... неблагодарная! — нет! этот народ никогда не чувствует благодеяний! как волка ни корми, а всё в лес глядит... да не смей строить рож, когда я браню тебя!.. стой прямо и не морщись — ты забываешь, кто я?

Ольга хотела что-то сказать, но удержалась; презрение изобразилось на лице ее; мрачный пламень, пробужденный в глазах, потерялся в опущенных ресницах; она стояла, опустив руки, с колеблющейся грудью и обнаженными плечами, и неподвижно внимала обидным изречениям, которые рассердили, испугали бы другую.

— Поди надень шелковый сарафан и выходи плясать... чтоб голова не болела... слышишь... скорей же!.. да не больно финти перед Борисом Петровичем!.. а не то я тебе дам знать!.. ведь вы все ради заманить барскую милость... берегись...

Ольга молчала — но вся вспыхнула... и если б Наталья Сергевна не удалилась, то она не вытерпела бы далее; слезы хотели брызнуть из глаз ее, но женщина иногда умеет остановить слезы... — Как! ее подозревают, упрекают? — и в чем! — о! где ее брат! пускай придет он и выслушает ее клятву помогать ему во всем, что дышит местию и разрушением; пускай посвятит он ее в это грозное таинство, — она готова!..

Теперь она будет уметь отвечать Вадиму, теперь глаза ее вынесут его испытывающие взгляды, теперь горькая улыбка не уничтожит ее твердости; — эта улыбка имела в себе что-то неземное; она вырывала из души каждое благочестивое помышление, каждое желание, где таилась искра добра, искра любви к человечеству; встретив ее, невозможно было устоять в своем намеренье, какое бы оно ни было; в ней было больше зла, чем люди понимать способны.

Ольгу ждут в гостиной, Борис Петрович сердится; его гость поминутно наливает себе в кружку и затягивает плясовую песню... наконец она взошла: в малиновом сарафане, с богатой повязкой; ее темная коса упадала между плечми до половины спины; круглота, белизна ее шеи были удивительны; а маленькая ножка, показываясь по временам, обещала тайные совершенства, которых ищут молодые люди, глядя на женщину как на орудие своих удовольствий; впрочем маленькая ножка имеет еще другое значение, которое я бы открыл вам, если б не боялся слишком удалиться от своего рассказа.

Она взошла... и встретила пьяные глаза, дерзко разбирающие ее прелести; но она не смутилась; не покраснела; — тусклая бледность ее лица изобличала совершенное отсутствие беспокойства, совершенную преданность судьбе; — в этот миг она жила половиною своей жизни; она походила на испорченный орган, который не играет ни начало, ни конец прекрасной песни.

Хор затянул плясовую. — Начинай же, Оленька! — закричал Палицын, — не стыдись!.. она вздрогнула; ей пришло на мысль, что она будет плясать перед убийцею отца своего; — эта мысль как молния ворвалась в ее душу и озарила там следы

26

минувшего; и все обиды, все несправедливости, унижения рабства, одним словом, жизнь ее встала перед ней, как остов из гроба своего; и она почувствовала его упрек...

Если б можно было изобразить страдание этого нежного существа, то трудно было бы поверить, что она не лишилась рассудка!.. потому что ее ресницы были сухи, и сжатые дрожащие губы не пропустили ни одного вздоха. — "Что же! красотка моя, начинай!.. небось — ты так хороша сегодня!.." — кричали оба помещика; что за лестное поощрение! не правда ли.

Ольга окинула взором всю комнату, надеясь уловить хотя одно сожаление... неуместная надежда; — подлая покорность, глупая улыбка встретили ее со всех сторон — рабы не сожалели об ней, — они завидовали! — пускай завидуют, подумала Ольга; это будет им наказание.

Она начала плясать.

Движения Ольги были плавны, небрежны; даже можно было заметить в них некоторую принужденность, ей несвойственную, но скоро она забылась; и тогда душевная буря вылилась наружу; как поэт, в минуту вдохновенного страданья бросая божественные стихи на бумагу, не чувствует, не помнит их, так и она не знала, что делала, не заботилась о приличии своих движений, и потому-то они обворожили всех зрителей; это было не искусство — но страсть.

И вдруг она остановилась, опомнилась, опустила пылающие глаза, голова ее кружилась; все предметы прыгали перед нею, громкие напевы слились для нее в один звук, нестройный, но решительный, в один звук воспоминания...

Она посмотрела вокруг, ужаснулась... махнула рукой и выбежала.

Борис Петрович встал и, качаясь на ногах, последовал за нею;

раскаленные щеки его обнаруживали преступное желание, и с дрожащих губ срывались несвязные слова, но слишком ясные для окружающих.

Дверь в комнату Ольги была затворена; он дернул, и крючок расскочился; она стояла на коленах, закрыв лицо руками и положив голову на кровать; она не слыхала, как он взошел, потому что произнесла следующие слова: "отец мой! не вини меня..."

— Теперь ты не вывернешься! — воскликнул захохотавши Борис Петрович; — я человек добрый — и ты человек добрый; следовательно...

Она вскочила и, устремив на него мутный взор, казалось, не понимала этих слов; — он взял ее за руку; она хотела вырваться — не могла; сев на постель, он притянул ее <к> себе и начал целовать в шею и грудь; у нее не было сил защищаться; отвернув лицо, она предавалась его буйным ласкам, и еще несколько минут — она бы погибла.

Но вдруг раздался шум, и вбежала хозяйка; между достойными супругами начался крик, спор... однако Наталье Сергевне благодаря винным парам удалось вывести мужа; долго еще слышен был хриплый бас его и пронзительный дишкант Натальи Сергевны; наконец всё утихло — и Ольга тогда только уверилась, что все ее оставили.

Она слышала, как стучало ее испуганное сердце и чувствовала странную боль в шее; бедная девушка! немного повыше круглого плеча ее виднелось красное пятно, оставленное губами пьяного старика... Сколько прелестей было измято его могильными руками! сколько ненависти родилось от его поцелуев!.. встал месяц; скользя вдоль стены, его луч пробрался в тесную комнату, и крестообразные рамы окна отделились на бледном полу... и этот луч упал на лицо Ольги — но ничего не прибавил к ее бледности, и красное пятно не могло утонуть в его сиянье... в это время на стенных часах в приемной пробило одиннадцать.

ГЛАВА VIII

Где скрывался Вадим весь этот вечер? — на темном чердаке, простертый на соломе, лицом кверху, сложив руки, он уносился мыслию в вечность, — ему снилось наяву давно желанное блаженство: свобода; он был дух, отчужденный от всего живущего, дух всемогущий, не желающий, не сожалеющий ни об чем, завладевший прошедшим и будущим, которое представлялось ему пестрой картиной, где он находил много смешного и ничего жалкого. — Его душа расширялась, хотела бы вырваться, обнять всю природу и потом сокрушить ее, — если это было желание безумца, то по крайней мере великого безумца; — что такое величайшее добро и зло? — два конца незримой цепи, которые сходятся, удаляясь друг от друга.

Чудные звуки разрушили мечтания Вадима: то были отрывистые звуки плясовой песни, смешанные с порывами северного ветра; Вадим привстал; луна ударяла прямо в слуховое окно, и свет ее, захватывая несколько измятых соломинок, упадал на противную стену, так что Вадим легко мог рассмотреть на ней все скважины, каждый клочок моха, высунувшийся между брусьями; — долго он не сводил глаз с этой стены, долго внимал звукам отдаленной песни — ...наконец они умолкли, облако набежало на полный месяц... Вадим упал на постель свою, и безотчетное страдание овладело им; он ломал руки, вздыхал, скрежетал зубами... неизвестный огонь бежал по его жилам, череп готов был треснуть... о! давно ли ему было довольно одной ненависти!..

Маленькая дверь скрыпнула и отворилась; ему послышался легкий шум шагов.

— Брат! — сказал кто-то очень тихо.

Вадим затрепетал. — Между тем облако пробежало, и луна

озарила одно плечо и половину лица Ольги; она стояла близ него на коленах.

— Всё понимаю, — воскликнул он, прочитавши в ее взоре ужасное беспокойство.

— Точно? — отвечала Ольга изменившимся голосом; — точно? — я пришла тебя обрадовать, друг мой!..

Друг мой! впервые существо земное так называло Вадима; он не мог разом обнять всё это блаженство; как безумный схватил он себя за голову, чтобы увериться в том, что это не обман сновидения; улыбка остановилась на устах его — и душа его, обогащенная целым чувством, сделалась подобна временщику, который, получив миллион и не умея употребить его, прячет в железный сундук и стережет свое сокровище до конца жизни.

Эти два слова так сильно врезались в его душу, что несколько дней спустя, когда он говорил с самим собою, то не мог удержаться, чтоб не сказать: друг мой...

Если мне скажут, что нельзя любить сестру так пылко, вот мой ответ: любовь — везде любовь, то есть самозабвение, сумасшествие, назовите как вам угодно; — и человек, который ненавидит всё и любит единое существо в мире, кто бы оно ни было, мать, сестра или дочь, его любовь сильней всех ваших произвольных страстей. Его любовь сама по себе в крови чужда всякого тщеславия... но если к ней примешается воображение, то горе несчастному! — по какой-то чудной противуположности, самое святое чувство ведет тогда к величайшим злодействам; это чувство наконец делается так велико, что сердце человека уместить в себе его не может и должно погибнуть, разорваться или одним ударом сокрушить кумир свой; но часто самолюбие берет перевес, и божество падает перед смертным.

— Брат! слушай, — продолжала Ольга, я всё обдумала и решилась сделать первый шаг на пути, по которому ни тебе, ни

30

мне не возвратиться. Всё равно... они все ведут к смерти; — но я не позволю низкому, бездушному человеку почитать меня за свою игрушку... ты или я сама должна это сделать; — сегодня я перенесла обиду, за которую хочу, должна отомстить... брат! не отвергай моей клятвы... если ты ее отвергнешь, то берегись... я сказала, что не перенесу этого... ты будешь добр для меня; ты примешь мою ненависть, как дитя мое; станешь лелеять его, пока оно вырастет и созреет и смоет мой позор страданьями и кровью... да, позор... он, убийца, обнимал, целовал меня... хотел... не правда ли, ты готовишь ему ужасную казнь?..

Вадим дико захохотал и, стараясь умолкнуть, укусил нижнюю губу свою так крепко, что кровь потекла; он похож был в это мгновенье на вампира, глядящего на издыхающую жертву.

— Клянусь этим богом, который создал нас несчастными, клянусь его святыми таинствами, его крестом спасительным, — во всем, во всем тебе повиноваться — я знаю, Вадим, твой удар не будет слаб и неверен, если я сделаюсь орудием руки твоей! — о! ты великий человек!

— Да — теперь, потому что ты меня любишь!..

Она ничего не отвечала.

— Успокойся, опомнись, — сказал Вадим... — ты меня еще не знаешь, но я тебе открою мои мысли, разверну всё мое существование, и ты его поймешь. Перед тобой я могу обнажить странную душу мою: ты не слабый челнок, неспособный переплыть это море; волны и бури его тебя не испугают; ты рождена посреди этой стихии; ты не утонешь в ее бесконечности!.. Помню, как после смерти отца я покидал тебя, ребенка в колыбели, тебя, не знавшую ни добра, ни зла, ни заботы, — а в моей груди уже бродила страсть пагубная, неусыпная; — ты протянула ко мне свои ручонки, улыбалась... будто просила о защите... а я не имел своего куска хлеба.

Меня взяли в монастырь — из сострадания — кормили, потому

что я был не собака, и нельзя было меня утопить; в стенах обители я провел мои лучшие годы; в душных стенах, оглушаемый звоном колоколов, пеньем людей, одетых в черное платье и потому думающих быть ближе к небесам, притесняемый за то, что я обижен природой... что я безобразен. Они заставляли меня благодарить бога за мое безобразие, будто бы он хотел этим средством удалить меня от шумного мира, от грехов... Молиться!.. у меня в сердце были одни проклятия! — часто вечером, когда розовые лучи заходящего солнца играли на главах церкви и медных колоколах, я выходил из святых врат, и с холма, где стояла развалившаяся часовня, любовался на тюрьму свою; — она издали была прекрасна. — Облака призывали мое воображение к себе на воздушные крылья, но насмешливый голос шептал мне: ты способен обнять своею мыслию всё сотворенное; ты мог бы силою души разрушить естественный порядок и восстановить новый, для того-то я тебя не выпущу отсюда; довольно тебе знать, что ты можешь это сделать!..

Никто в монастыре не искал моей дружбы, моего сообщества; я был один, всегда один; когда я плакал — смеялись; потому что люди не могут сожалеть о том, что хуже или лучше их; — все монахи, которых я знал, были обыкновенные, полудобрые существа, глупые от рожденья или от старости, неспособные ни к чему, кроме соблюдения постов... Я желал возненавидеть человечество — и поневоле стал презирать его; душа ссыхалась; ей нужна была свобода, степь, открытое небо... ужасно сидеть в белой клетке из кирпичей и судить о зиме и весне по узкой тропинке, ведущей из келий в церковь; не видать ясное солнце иначе, как сквозь длинное решетчатое окно, и не сметь говорить о том, чего нет в такой-то книге...

Можно прийти в отчаянье!

Однажды, Ольга, я заметил безногого нищего, который, не вмешиваясь в споры товарищей, сидел на земле у святых ворот и только постукивал камнем о камень, и когда вылетала искра, то чудная радость покрывала незначащее его лицо. — Я подошел к нему и сказал: "ты очень благоразумен, любезный, тем, что не мешаешься в их ссору".

— Я без ног, — отвечал он с недовольным видом; — это меня поразило: я ошибся! — однако продолжал свои вопросы: — что был ты прежде, купец или крестьянин?

— Нищий! — отвечал он; — рожден нищим и умру нищим; только разница в том, что я рожден с ногами, а умру безногий!

— Отчего же?

— Отчего! — тут он призадумался; потом продолжал равнодушно: — я был проводником одного слепого; нас было много; — когда слепой умер, то я стал лишним. Мне переломали руки и ноги, чтоб я не даром кормился и был полезен; теперь меня возят в тележке — и дают деньги.

— Знал ли ты своих родителей? — спросил я поспешно.

— Как же!

— А кто были они?

— Нищие! — тут он улыбнулся; не знаю, что было в его улыбке, насмешка над судьбой или надо мною, потому что я слушал его с видом полной доверенности.

"Итак, есть состояние, в котором безобразие не порок", — подумал я. На другой день бежал из монастыря и сделался нищим.

Вадим остановился.

— Понимаю тебя! — воскликнула Ольга и пожала ему руку.

— Я это знал!.. разве ты не сестра мне? — возразил Вадим.

— Послушай, верно само небо хочет, чтобы мы отомстили за

бедного отца; как оно согласило все обстоятельства, как оно привело тебя к цели...

— Небо или ад... а может быть, и не они; твердое намерение человека повелевает природе и случаю; — хотя с тех пор как я сделался нищим, какой-то бешеный демон поселился в меня, но он не имел влияния на поступки мои; он только терзал меня; воскрешая умершие надежды, жажду любви, — он странствовал со мною рядом по берегу мрачной пропасти, показывая мне целый рай в отдалении; но чтоб достигнуть рая, надобно было перешагнуть через бездну. Я не решился; кому завещать свое мщение? кому его уступить?

Долго я бродил без крова и пристанища, преданный зимним метелям, как южная птица, отставшая от подруг своих, долго жить — было целью моей жизни.

Но судьба мне послала человека, который случайно открыл мне, что ты воспитываешься у Палицына, что он богат, доволен, счастлив — это меня взорвало!.. я не хотел, чтоб он был счастлив — и не будет отныне; в этот дом я принес с собою моего демона; его дыхание чума для счастливцев, чума... сестра, ты мне простишь... о! я преступник... вижу, и тобой завладел этот злой дух, и в тебе поселилась эта болезнь, которая портит жизнь и поддерживает ее. Ты, земной ангел, без меня не потеряла бы свою беспечность... теперь всё кончено... от моего прикосновения увяли твои надежды... махни рукой твоему спокойствию... цветы не растут посреди бунтующего моря, где есть демон, там нет бога...

— Как! — воскликнула Ольга, — неужели ты раскаиваешься!.. правда, я женщина — но разве всякая женщина променяет печали и беспокойства на блистательный позор... блистательный! — о! быть любовницей старика, злодея моего семейства... ты желал этого, Вадим, не правда ли?

— Нет — я тогда убил бы тебя...

— А теперь, кто мешает?

— Теперь? теперь... — он опустил глаза в землю и замолк; глубокое страданье было видно в следующих словах: — теперь, убить тебя! — теперь, когда у меня есть слезы, когда я могу плакать на твоих коленах... плакать! о! это величайшее наслажденье для того, чей смех мучительнее всякой пытки!.. нет, я еще не так дурен, как ты полагаешь; — человек, для которого видеть тебя есть блаженство, не может быть совершенным злодеем.

— Меня убить значит сделаться моим благодетелем, — отвечала Ольга, улыбаясь после нескольких минут глубокого молчания.

— А кто скажет: он хорошо поступил, когда мое имя сделается на земле проклятием?

— Я удивляюсь тебе, друг мой!..

— Не хочу! люби меня.

Она закрыла лицо обеими руками.

ГЛАВА IX

Кто из вас бывал на берегах светлой <Суры>? — кто из вас смотрелся в ее волны, бедные воспоминаньями, богатые природным, собственным блеском! — читатель! не они ли были свидетелями твоего счастия или кровавой гибели твоих прадедов!.. но нет!.. волна, окропленная слезами твоего восторга или их кровью, теперь далеко в море, странствует без цели и надежды или в минуту гнева расшиблась об утес гранитный! — Она потеряла дорогой следы страстей человеческих, она смеется над переменами столетий, протекающих над нею безвредно, как женщина над пустыми вздохами глупых любовников; — она не боится ни ада, ни рая, вольна жить и умереть, когда ей угодно; — сделавшись могилой какого-нибудь несчастного сердца, она не теряет своей прелести, живого, беспокойного своего нрава; и в ее погребальном ропоте больше утешений, нежели жалости. Если можно завидовать чему-нибудь, то это синим, холодным волнам, подвластным одному закону природы, который для нас не годится с тех пор, как мы выдумали свои законы.

Вадим стоял под густою липой, и упоительный запах разливался вокруг его головы, и чувства, окаменевшие от сильного напряжения души, растаяли постепенно, — и отвергнутый людьми, был готов кинуться в объятия природы; она одна могла бы утолить его пламенную жажду и, дав ему другую душу или новую наружность, поправить свою жестокую ошибку. Вадим с непонятным спокойствием рассматривал речные травы и густой хмель, который яркими, зелеными кудрями висел с глинистого берега. Вдали одетые туманом курганы, может быть могилы татарских наездников, подымались, выходили из полосатой пашни; еловые, березовые рощи казались опрокинутыми в воде; и мрачный цвет первых приятно отделялся желтоватой зеленью и белыми корнями последних; летнее солнце с улыбкой золотило эту простую картину.

В шуме родной реки есть что-то схожее с колыбельной песнью, с рассказами старой няни; Вадим это чувствовал, и память его невольно переселилась в прошедшее, как в дом, который некогда был нашим, и где теперь мы должны пировать под именем гостя; на дне этого удовольствия шевелится неизъяснимая грусть, как ядовитый крокодил в глубине чистого, прозрачного американского колодца.

Вдруг раздался в отдалении звон дорожного колокольчика, приносимый ветром... Вадим вздрогнул, не зная сам тому причины; — он обернулся в ту сторону, где деревянный мост показывался между кустов и где дорога желтея терялась за холмами; — там серая пыль клубилась вслед за простою кибиткой... "Не к нам ли? — подумал Вадим; — но этого не может быть! кому?" — ...его тревожил колокольчик, и непонятное предчувствие как свинец упало на его душу. — Он побрел вдоль по реке и старался рассеяться... но не мог: проклятый колокольчик его преследовал...

Что делалось в барском доме? Там также слышали колокольчик, но этот милый звук не произвел никакого неприятного влияния; Наталья Сергевна подбежала к окну, а Борис Петрович, который не говорил с женой со вчерашнего вечера, кинулся к другому. — Они ждали сына в отпуск — верно это он!..

В тот век почты были очень дурны, или, лучше сказать, они не существовали совсем; родные посылали ходока к детям, посвященным царской службе... но часто они не возвращались, пользуясь свободой; — таким образом однажды мать сосватала невесту для сына, давно убитого на войне. Долго ждала красавица своего суженого; наконец вышла замуж за другого; на первую ночь свадьбы явился призрак первого жениха и лег с новобрачными в постель; "она моя", говорил он — и слова его были ветер, гуляющий в пустом черепе; он прижал невесту к груди своей — где на месте сердца у него была кровавая рана; призвали попа со крестом и святой водою; и выгнали опоздавшего гостя; и, выходя, он заплакал, но вместо слез песок посыпался из открытых глаз его. Ровно через сорок дней невеста умерла чахоткою, а супруга ее нигде не могли сыскать.

Таково предание народное; обратимся к повести нашей. Борис Петрович и жена его три года не получали известия от своего Юриньки!.. месяц тому назад он с богомольцем, которого встретил на дороге, прислал письмо, извещая о скором прибытии... это он!..

Колокольчик звенел всё громче и громче... вот близко, топот, крик ямщика, шум колес... кибитка въехала в ворота... вся дворня столпилась... это он... в военном мундире... выскочил, — и кинулся на шею матери... отец стоял поодаль и плакал... это был их единственный сын!

Впрочем такие вещи не описываются...

Вечером Вадим возвратился в дом... увидал кибитку, поймал некоторые отрывистые речи... И догадался; — с досадой смотрел он на веселую толпу и думал о будущем, рассчитывал дни, сквозь зубы бормотал какие-то упреки... и потом, обратившись к дому... сказал: так точно! слух этот не лжив... через несколько недель здесь будет кровь, и больше; почему они не заплотят за долголетнее веселье одним днем страдания, когда другие, после бесчисленных мук, не получают ни одной минуты счастья!.. для чего они любимцы неба, а не я! — о создатель, если б ты меня любил — как сына, — нет, — как приемыша... половина моей благодарности перевесила бы все их молитвы... — но ты меня проклял в час рождения... и я прокляну твое владычество в час моей кончины...

Неподвижен стоял Вадим возле рогожной кибитки; толпа пестрела кругом; старухи, дети, всё теснилось, кричало, смеялось.

— Куда какой красавчик молодой наш барин, — воскликнул

38

кто-то... — Вадим покраснел... и с этой минуты имя Юрия Палицына стало ему ненавистным...

Что делать! он не мог вырваться из демонской своей стихии.

ГЛАВА X

Смерклось; подали свеч; поставили на стол разные закуски и медный самовар; Борис Петрович был в восхищении, жена его не знала, как угостить милого приезжего; дверь в гостиную, до половины растворенная, пропускала яркую полосу света в соседнюю комнату, где по стенам чернели высокие шкафы, наполненные домашней посудой; в этой комнате, у дверей, на цыпочках стояла Ольга и смотрела на Юрия, и больше нежели пустое любопытство понудило ее к этому... Юрий был так хорош!.. — именно таковые лица нравятся женщинам: что-то доброе и вместе буйное, пылкость без упрямства, веселость без насмешки; — он не был напудрен по обычаю того века; длинные русые волосы вились вокруг шеи; и голубые глаза не отражали свет, но, казалось, изливали его на всё, что им встречалось.

Он говорил о столице, о великой Екатерине, которую народ называл матушкой и которая каждому гвардейскому солдату дозволяла целовать свою руку... он говорил об ней, и щеки его горели; и голос его возвышался невольно. — Потом он рассказывал о городских весельствах, о красавицах, разряженных в дымные кружева и волнистые, бархатные платья...

Ольга слушала, и что-то похожее на зависть встревожило ее, "если б обо мне так говорили, если б и на мне блистали кружева и дорогие камни... о, я была бы счастливей!.." — всякой 18-тилетней девушке на ее месте эти мысли пришли бы в голову. Наряды необходимы счастью женщины, как цветы весне.

И Ольга боялась, чтоб он не обернулся к дверям и не заметил ее любопытства; маленькая гордость дышала в этом опасении...

Однако ж как уйти?.. Юрий говорит так приятно. — В звуках

его голоса так ясно выражались благородные чувства, — что если б даже невозможно было разобрать слов его — то — ей казалось... она поняла бы смысл разговора!..

Нельзя сомневаться, что есть люди, имеющие этот дар, но им воспользоваться может только существо избранное, существо, которого душа создана по образцу их души, которого судьба должна зависеть от их судьбы... и тогда эти два созданья, уже знакомые прежде рождения своего, читают свою участь в голосе друг друга; в глазах, в улыбке... и не могут обмануться... и горе им, если они не вполне доверятся этому святому таинственному влечению... оно существует, должно существовать вопреки всем умствованиям людей ничтожных, иначе душа брошена в наше тело для того только, чтоб оно питалось и двигалось — что такое были бы все цели, все труды человечества без любви? И разве нет иногда этого всемогущего сочувствия между народом и царем? Возьмите Наполеона и его войско! — долго ли они прожили друг без друга?

О, как Ольга была прекрасна в эту первую минуту самопознания, сколько жизни, невинной, обещающей жизни, было в стесненном дыханье этой полной груди, где билось сердце, обещанное мукам и созданное для райского блаженства...

Надобно было камню упасть в гладкий источник.

Она обернулась...

Полоса яркого света, прокрадываясь в эту комнату, упадала на губы, скривленные ужасной, оскорбительной улыбкой, — всё кругом покрывала темнота, но этого было ей довольно, чтобы тотчас узнать брата... на синих его губах сосредоточилась вся жизнь Вадима, и как нарочно они одни были освещены...

Он приблизился: от него веяло холодом.

— Поздравляю, Ольга...

— С чем?

— Не правда ли... как хорош собою молодой твой господин!..

— И твой! — обидевшись, возразила Ольга...

— Нимало... я добровольно стал слугою... я не обязан им сохранением жизни, воспитанием... но ты!.. о, посмотри на него, что за ловкость, что за румянец...

Она вздохнула...

— И эта прекрасная голова упадет под рукою казни... — продолжал шепотом Вадим... — эти мягкие, шелковые кудри, напитанные кровью, разовьются... ты помнишь клятву... не слишком ли ты поторопилась... о мой отец! мой отец!.. скоро настанет минута, когда беспокойный дух твой, плавая над их телами, благословит детей твоих, — скоро, скоро...

— Скоро!..

— Я вижу твое восхищение! — холодно возразил ей брат; — скоро! мы довольно ждали... но зато не напрасно!.. Бог потрясает целый народ для нашего мщения; я тебе расскажу... слушай и благодари: на Дону родился дерзкий безумец, который выдает себя за государя... народ, радуясь тому, что их государь носит бороду, говорит как мужик, обратился к нему... дворяне гибнут, надобно же игрушку для народа... без этого и праздник не праздник!.. вино без крови для них стало слабо. Ты дрожишь от радости, Ольга...

Она молча поникла головою и удалилась. У нее в сердце уж не было мщения; — теперь, теперь вполне постигла она весь ужас обещанья своего; хотела молиться... ни одна молитва не предстала ей ангелом-утешителем: каждая сделалась укоризною, звуком напрасного раскаянья... "какой красавец сын моего злодея", — думала Ольга; и эта простая мысль всю ночь являлась ей с разных сторон, под разными видами: она не могла прогнать других, только покрыла их полусветлой

42

пеленою, — но пропасть, одетая утренним туманом, хотя не так черна, зато кажется вдвое обширнее бедному путнику.

Между тем Вадим остался у дверей гостиной, устремляя тусклый взор на семейственную картину, оживленную радостью свидания... и в его душе была радость, но это был огонь пожара возле тихого луча месяца.

Долго стоял он тут и любовался красотою молодого Палицына — и так забылся, что не слыхал, как Борис Петрович в первый раз закричал: "эй, малой... Вадимка!" — опомнясь, он взошел; — с сожалением посмотрел на него Юрий, но Вадим не смел поднять на него глаз, боясь, чтобы в них не изобразились слишком явно его чувства...

— Как тебе нравится мой горбач!.. — сказал Борис Петрович, — преуморительный...

— Каждый человек, батюшка, — отвечал Юрий, — имеет недостатки... он не виноват, что изувечен природой!..

— Если ты будешь хорошо мне служить, — продолжал он, обратясь к мрачному Вадиму, — то будь уверен в моей милости!.. теперь ступай...

— Пошел вон, — воскликнул отец, потому что Вадим не трогался с места: он был смущен добротою юноши, благосклонным выражением лица его; — и зависть возвратилась в его душу только тогда, как он подошел к дверям, но возвратилась, усиленная мгновенным отсутствием.

Перешагнув через порог, он заметил на стене свою безобразную тень; мучительное чувство... как бешеный он выбежал из дома и пустился в поле; поутру явился он на дворе, таща за собою огромного волка... блуждая по лесам, он убил этого зверя длинным ножом, который неотлучно хранился у него за пазухой... вся дворня окружила Вадима, даже господа вышли подивиться его отважности... Наконец и он насладился минутой торжества! — "Ты будешь моим стремянным!" — сказал Борис Петрович.

ГЛАВА XI

Борис Петрович отправился в отъезжее поле с новым своим стремянным и большою свитою, состоящей из собак и слуг низшего разряда; даже в старости Палицын любил охоту страстно и спешил, когда только мог, углубляться в непроходимые леса, жилища медведей, которые были его главными врагами.

Что делать Юрию? — в деревне, в глуши? — следовать ли за отцом! — нет, он не находит удовольствия в войне с животными; — он остался дома, бродит по комнатам, ищет рассеянья, обрывает клочки раскрашенных обоев; чудные занятия для души и тела; — но что-то мелькнуло за углом... женское платье; — он идет в ту сторону и вступает в небольшую комнату, освещенную полуденным солнцем; ее воздух имел в себе что-то особенное, роскошное; он, казалось, был оживлен присутствием юной, пламенной девушки.

Кто часто бывал в комнате женщины, им любимой, тот верно поймет меня... он испытал влияние этого очарованного воздуха, который породнился с божеством его, который каждую ночь принимает в себя дыхание свежей девственной груди — этот уголок, украшенный одной постелью, не променял бы он за весь рай Магомета...

— 38 —

— А, это ты, Ольга! — сказал засмеявшись молодой Палицын. — Вообрази, я думал, что гонюсь за тенью, — и как обманут!..

— Вас огорчает эта ошибка? — о, если так, я могу вас утешить, стану с вами говорить как тень, то есть очень мало... и потом...

— Ради бога — не мало, любезная Ольга! — я готов тебя слушать целый день; не можешь вообразить, какая тоска завладела мной; брожу везде... не с кем слова молвить...

матушка хозяйничает, — ...ради неба, говори, говори мне... брани меня... только не избегай!..

— Как скоро вы забыли московских красавиц; думайте об них, это вас займет.

— Думать об них — и говорить с тобою? Ольга, это нейдет вместе!..

— А что я могу сказать вам, степная, простая девушка? — что я видела, что слышала? — я не хочу быть вашим лекарством от скуки; всякое лекарство, со всей своей пользой, очень неприятно.

— Ты не в духе сегодня, — воскликнул Юрий, взяв ее за руку и принудив сесть. — Ты сердишься на меня или на матушку... если тебя кто-нибудь обидел, скажи мне; клянусь честию, этому человеку худо будет...

— Не надо мне вашей защиты, вашего мщения... оставьте мою руку!.. вы хотите забавляться? привозите других, более покорных, чем я, более способных настроивать свое сердце и лицо по вашему приказу... мне грустно, скучно... — да сверх того я не раба ваша... и так...

— Ольга, послушай, если хочешь упрекать... о! прости мне; разве мое поведение обнаружило такие мысли? разве я поступал с Ольгой как с рабой? — ты бедна, сирота, — но умна, прекрасна; — в моих словах нет лести; они идут прямо от души; чуждые лукавства, мои мысли открыты перед тобою; — ты себе же повредишь, если захочешь убегать моего разговора, моего присутствия; тогда-то я тебя не оставлю в покое; — сжалься... я здесь один среди получеловеков, и вдруг в пустыне явился мне ангел, и хочет, чтоб я к нему не приближался, не смотрел на него, не внимал ему? — боже мой! — в минуту огненной жажды видеть перед собою благотворную влагу, которая, приближаясь к губам, засыхает.

— Прекрасны ваши слова, Юрий Борисович, я не спорю, всё это очень ново для меня... со всем тем я прошу вас оставить девушку, несчастную с самой колыбели и потому нимало не расположенную забавлять вас... поверьте слову: гибель вокруг меня...

— Сто раз готов я погибнуть у ног твоих!..

— Вы меня не поняли... я кажусь вам странною теперь, — быть может... но...

— Ты мила по-своему...

— Что за похвалы!.. — с насмешливым видом воскликнула Ольга.

— Не сердись!.. — возразил Юрий; и улыбаясь он склонился к ней; потом взял в руки ее длинную темную косу, упадавшую на левое плечо, и прижал ее к губам своим; холод пробежал по его членам, как от прикосновения могучего талисмана; он взглянул на нее пристально, и на этот раз удивительная решимость блистала в его взоре; она не смутилась — но испугалась.

— Перестаньте, — сказала Ольга с важностью, — мне надо быть одной.

Напрасно он старался угадать в глазах ее намеренье кокетки — помучить; ему не удалось!..

— Ты довольна будешь мною! — сказал он, медленно выходя из комнаты.

Такие разговоры, занимательные только для них, повторялись довольно часто, и содержание и заключение почти всегда было одно и то же; и если б они читали эти разговоры в каком-нибудь романе 19-го века, то заснули бы от скуки, но в блаженном 18 и в год, описываемый мною, каждая жизнь была роман; теперь жизнь молодых людей более мысль, чем действие; героев нет, а наблюдателей чересчур много, и они похожи на сладострастного старика, который, вспоминая прежние шалости и присутствуя на буйных пирах, хочет пробудить погаснувшие силы. Этот галванизм кидает величайший стыд на человечество; — оно приближилось к кончине своей; пускай... но зачем прикрывать седины детскими гремушками? — зачем привскакивать на смертном одре, чтобы упасть и скончаться <на> полу?

Но возвратимся к нашей повести и поторопимся окончить главу.

Ольга старанием утаить свою любовь еще больше ее обнаруживала; Юрий был опытен, часто любил, чаще был любим и, выучен привычкой, читал в ее глазах больше, чем она осмеливалась читать в собственной душе. — Она думала об нем и боялась думать о любви своей; ужас обнимал ее сердце, когда она осмеливалась вопрошать его, потому что прошедшее и будущее тогда являлись встревоженному воображению Ольги; таков был ужас Макбета, когда, готовый сесть на королевский престол, при шумных звуках пира, он увидал на нем окровавленную тень Банкуо... но этот ужас не уменьшил его честолюбия, которое превратилось в болезненный бред; то же самое случилось с любовью Ольги.

Юрий не мог любить так нежно, как она; он всё перечувствовал, и прелесть новизны не украшала его страсти; но в книге судьбы его было написано, что волшебная цепь скует до гроба его существование с участью этой женщины.

Когда он не был с нею вместе, то скука и спокойствие не оставляли его; — но приближаясь к ней, он вступал в очарованный круг, где не узнавал себя, и благословлял свой плен, и верил, что никогда не любил сильней теперешнего, что до сих пор не понимал определения красоты; — пожалейте об нем.

47

ГЛАВА XII

Таинственные ответы Ольги, иногда ее притворная холодность всё более и более воспламеняли Юрия; он приписывал такое поведение то гордости, то лукавству; но чаще, по недоверчивости, свойственной всем почти любовникам, сомневался в ее любви... однажды после долгой душевной борьбы он решился вытребовать у нее полного признанья... или получить совершенный отказ!

— Какое ребячество! — скажете вы; но в том-то и прелесть любви; она превращает нас в детей, дарит золотые сны как игрушки; и разбивать эти игрушки в минуту досады доставляет немало удовольствия; особливо когда мы надеемся получить другие.

С мрачным лицом он взошел в комнату Ольги; молча сел возле нее и взял ее за руку. Она не противилась; не отвела глаз от шитья своего, не покраснела... не вздрогнула; она всё обдумала, всё... и не нашла спасения; она безропотно предалась своей участи, задернула будущее черным покрывалом и решилась любить... потому что не могла решиться на другое.

— Ольга! — сказал Юрий неверным голосом; — я люблю тебя.

— Знаю, — отвечала она.

— Знаю, знаю! — только-то! и я больше от тебя не услышу!

— Чего же вам больше!.. я слушаю, молчу...

— О, разумеется, этого слишком много! — я недостоин даже приблизиться к тебе... я бы должен был любоваться тобою, как солнцем и звездами; ты прекрасна! кто спорит, но разве это дает право не иметь сердца?

— Я у бога ни того, ни другого не просила... если мое

обращение вам не нравится, то оставьте меня; мы дурно сделали, что узнали друг друга; но всё на свете может поправиться...

— Как легко, сделав человека несчастным, сказать ему: будь счастлив! — всё на свете может поправиться!.. Ольга, слушай, в последний раз говорю тебе; я люблю больше, чем ты можешь вообразить; это огонь... огонь... о, пойми меня... у меня нет слов... я люблю тебя! если ты не понимаешь этого, то всё остальное напрасно... отвечай: чего ты от меня требуешь? каких жертв?..

— Забыть меня! — воскликнула Ольга с удивительною твердостию.

— Нет! никогда... я совершу невозможное, чтоб обладать тобою, — но забыть... нет власти...

Он замолчал; ходил взад и вперед по комнате, потом остановился у окна, закрыл лицо руками. Так прошло несколько минут. Наконец он обернулся и сказал:

— Я ошибался, признаюсь в том откровенно — я ошибался... ах! это была минута, но райская минута, это был сон — но сон божественный; теперь, теперь всё прошло... уничтожаю навеки все ложные надежды, уничтожаю одним дуновением все картины воображения моего; — прочь от меня вера в любовь и счастье; Ольга, прощай. Ты меня обманывала — обман всегда обман; не всё ли равно, глаза или язык? чего желала ты? не знаю... может быть... о, возьми мое презрение себе в наследство... я умер для тебя.

И он сделал шаг, чтоб выйти, кидая на нее взор, свинцовый, отчаянный взор, один из тех, перед которыми, кажется, стены должны бы были рушиться; горькое негодованье дышало в последних словах Юрия; она не могла вынести долее, вскочила и рыдая упала к е<го> ногам. В восторге поднял он ее, прижал к груди своей и долго не мог выговорить двух слов; против его сердца билось другое, нежное, молодое, любящее со всем усердием первой любви. Они сели, смотрели в глаза друг другу, не плакали, не улыбались, не говорили, — это был хаос всех чувств земных и небесных, вихорь, упоение неопределенное, какое не всякий испытал и никто изъяснить не может. Неконченные речи в беспорядке отрывались от их трепещущих губ, и каждое слово стоило поэмы... — само по себе незначащее, но одушевленное звуком голоса, невольным телодвижением — каждое слово было целое блаженство!

— Я любим, любим, любим, — говорил Юрий... — я буду повторять это слово так громко, там часто, что ангелы услышат — и позавидуют...

— Пускай же ангелы — только не люди!..

— Отчего же, мой ангел!..

— Тогда, может быть, они тебя отнимут у бедной Ольги...

— Ты прекрасна! — что за пустой страх?.. ты моя — моя...

— Не раба! надеюсь!

— Больше, сокровище!

— О мой милый... целуй, целуй меня... я не хочу быть сокровищем скупого... — пускай мне угрожают адские муки... надобно же заплатить судьбе... я счастлива! — не правда ли?

— Ты счастлива! — позволь мне обнять тебя — крепче, крепче...

— Почему же нет! отдав тебе душу, могу ли отказать в чем-нибудь.

— Эти волосы... прочь их! — вот так... чтоб твой поцелуй и мой слились в один...

— Боже, боже... теперь умереть... о! зачем не теперь?

ГЛАВА XIII

— Друг мой, Ольга, есть бог на небесах, — есть на земле счастье...

— Дай бог тебе счастье, если ты веришь им обоим! — отвечала она, и рука ее играла густыми кудрями беспечного юноши; их лодка скользила неприметно вдоль по реке, оставляя белый змеистый след за собою между темными волнами; весла, будто крылья черной птицы, махали по обеим сторонам их лодки; они оба сидели рядом, и по веслу было в руке каждого; студеная влага с легким шумом всплескивала, порою озаряясь фосфорическим блеском; и потом уступала, оставляя быстрые круги, которые постепенно исчезали в темноте; — на западе была еще красная черта, граница дня и ночи; зарница, как алмаз, отделялась на синем своде, и свежая роса уж падала на опустелый берег <Суры>; — мирные плаватели, посреди усыпленной природы, не думая о будущем, шутили меж собою; иногда Юрий каким-нибудь движением заставлял колебаться лодку, чтоб рассердить, испугать свою подругу; но она умела отомстить за это невинное коварство; неприметно гребла в противную сторону, так что все его усилия делались тщетны, и челнок останавливался, вертелся... смех, ласки, детские опасения, всё так отзывалось чистотой души, что если б демон захотел искушать их, то не выбрал бы эту минуту; — Ольга не считала свою любовь преступлением; она знала, хотя всячески старалась усыпить эту мысль, знала, что близок ужасный, кровавый день... и... небо должно было заплатить ей за будущее — в настоящем; она имела сильную душу, которая не заботилась о неизбежном, и по крайней мере хотела жить — пока жизнь светла; как она благодарила судьбу за то, что брат ее был далеко; один взор этого непонятного, грозного существа оледенил бы всё ее блаженство; — где взял он эту власть?..

— Будет ли конец нашей любви! — сказал Юрий, перестав

грести и положив к ней на плечо голову; — нет, нет!.. — она продолжится в вечность, она переживет нашу земную жизнь, и если б наши души не были бессмертны, то она сделала бы их бессмертными; — клянусь тебе, ты одна заменишь мне все другие воспоминанья — дай руку... эта милая рука; — она так бела, что светит в темноте... смотри, береги же мой перстень, Ольга! — ты не слушаешь? не веришь моим клятвам?

Вместо ответа она запела вполголоса следующую песню:

> Воет ветер,
> Светит месяц:
> Девушка плачет —
> Милый в чужбину скачет;
> Ни дева, ни ветер
> Не замолкнут:
> Месяц погаснет,
> Милый изменит!

— Прочь эту песню, — воскликнул Юрий, — кто тебя ее выучил.

— Никто, сама.

— Не верю. — Разве ты во мне сомневаешься!..

— Нет; — однако ты слишком обещаешь — мы скоро расстанемся... а там — ...там...

— О, если только это пугает тебя, то знай... я скоро не поеду... я пробуду здесь еще три месяца...

— Три месяца! боже! — она содрогнулась; — ее сердце облилось холодом.

— А потом, — сказал Юрий, стараясь ее утешить и не понимая значения этого: боже! — потом съезжу в полк, возьму отставку, и возвращусь опять к тебе... тогда ты будешь моею, вопреки всем ничтожным предрассудкам. — Если даже мой отец захочет разлучить нас, если... о — нет! — он дал мне жизнь, а ты меня даришь миллионом жизней в каждой улыбке...

— Три месяца, три месяца, — и несколько дней, — повторяла не слушая Ольга... ее ум остановился на этой пагубно неизменной мысли.

Они причалили к берегу... уж было очень темно; деревенская церковь с своей странной колокольней рисовалась на полусветлом небосклоне запада подобно тени великана; и попеременно озаряемые окна дома одни были видны сквозь редкий ветельник.

Они шли под руку; молча, — вдоль по узкой тропинке и, поровнявшись с разрушенной баней, вдруг услышали грубые голоса; — "посмотрим, что такое", — шепнул Юрий. Она машинально остановилась.

— Да скоро ли? — спросил первый голос.

— На днях; уж в округе начинается кутерьма. Да будет ли у вас готово, — сказал другой.

— Всё будет — уж это наше дело... одни только не смеем; и до вашего прихода будем молчать... воля твоя.

— Ну пожалуй.

— Да правда ли, что будут соль и хлеб давать даром...

— Не ведаю — только будет больно хорошо... а вино будет даром, из барских погребов... — тут несколько слов Юрий не расслушал.

— Да Вадим был у нас, — сказал первый голос...

При этом имени Ольга с необыкновенной силой увлекла за собою Палицына.

— Куда ты? — сказал он с удивлением: — что с тобою?..

— Скорей! скорей! — больше она не могла выговорить.

— Это должны быть воры! — подумал Юрий и перестал дивиться ее испугу.

Пришедши домой, Ольга удалилась немедленно в свою комнату и заперлась.

Наталья Сергевна встретила сына и с улыбкой намекнула о его ночной прогулке; что за радость этой доброй женщине; теперь муж ее верно не решится погрешить против сына и жены в одно время; — "впрочем, — думала она, — молодым людям простительно шалить; а как седому старику таким вещам придти в голову, — знает царь небесный!.."

— Мы поедем завтра в монастырь, Юрьюшка, — сказала она вошедшему сыну; — Борис Петрович еще долго пропорскает... куда я рада, что ты не в него!..

И точно: предпочитая своей Наталье Сергевне медведей и собак, почтенный помещик не слишком льстил ее самолюбию, хотя у женщин 18 столетия оно не было так взыскательно, как у наших столичных красавиц.

Но век иной, иные нравы!

ГЛАВА XIV

В 8 верстах от деревни Палицына, у глубокого оврага, размытого дождями, окруженная лесом, была деревушка, бедная и мирная; построенная на холме, она господствовала, так сказать, над окрестностями; ее серый дым был виден издалека, и солнце утра золотило ее соломенные крыши, прежде нежели верхи многих лип и дубов. Здесь отдыхал в полдень Борис Петрович с толпою собак, лошадей и слуг; — травля была неудачная, две лисы ушли от борзых и один волк отбился; в тороках у стремянного висело только два зайца... и три гончие собаки еще не возвращались из лесу на звук рогов и протяжный крик ловчего, который, лишив себя обеда из усердия, трусил по островам с тщетными надеждами, — Борис Петрович с горя побил двух охотников, выпил полграфина водки и лег спать в избе; — на дворе всё было живо и беспокойно; собаки, разделенные по сворам, лакали в длинных корытах, — лошади валялись на соломе, а бедные всадники поминутно находились принужденными оставлять котел с кашей, чтоб нагайками подымать их. День был ясен и свеж; северный ветер гнал отрывистые тучки по голубым сводам неба, и вершины лесов шумели, подобно водопаду, качаясь взад и вперед.

Между тем слуги, расположась под навесом, шепотом сообщали друг другу разные известия о самозванце, о близких бунтах, о казни многих дворян — и тайно или явно почти каждый радовался... Это были люди, привыкшие жить в поле, гоняться за зверьми и неспособные к мирным чувствам, к сожалению и большой приверженности; вино, буйство, охота — их единственные занятия — не могли внушить им много набожных мыслей; и если между ними и был один верный, честный слуга, то из осторожности молчал или удалялся. Однажды дошли как-то эти слухи до Бориса Петровича: "вздор, — сказал он, — как это может быть?.." Такая беспечность погубила многих наших прадедов; они не могли вообразить, что народ осмелится требовать их крови: так они привыкли к русскому послушанию и верности!

— Ты помнишь, недавно, когда барин тебя посылал на три дни в город, — здесь нам рассказывали, что какой-то удалец, которого казаки величают Красной шапкой, всё ставит вверх дном, что он кум сатане и сват дьяволу, ха-ха-ха! — что будто сам батюшка хотел с ним посоветаться! Видно хват, — так говорил Вадиму старый ловчий по прозванию Атуев, закручивая длинные рыжие усы.

— Я его знаю, — отвечал Вадим с улыбкой, — и вы его скоро увидите! В этих словах было столько уверенности, столько убедительной твердости, что поневоле старый ловчий вздрогнул. "Ты черт или Гуммель", — сказал Фильд, когда в первый раз услыхал этого славного артиста; Атуев не сказал, но подумал почти то же самое.

— Когда! — воскликнули многие; и между тем глаза их недоверчиво устремлены были на горбача, который, с минуту помолчав, встал, оседлал свою лошадь, надел рог — и выехал со двора.

Удивленная толпа смотрела ему вслед, и по частому топоту они догадались, что Вадим пустился вскачь.

Куда? зачем? — если б рассказывать все их мнения, то мне был бы нужен талант Вальтер-Скотта и терпение его читателей.

Густым лесом ехал Вадим; направо и налево расстилались кусты ореховые и кленовые, меж ними возвышались иногда высокие полусухие дубы, с змеистыми сучьями, странные, темные — и в отдалении синели холмы, усыпанные сверху донизу лесом, пересекаемые оврагами, где покрытые мохом болота обманчивой, яркой зеленью манили неосторожного путника. Вадим ехал скоро, и глубокая, единственная дума, подобно коршуну Прометея, пробуждала и терзала его сердце;

вдруг звучная, вольная песня привлекла его внимание; он остановился; прислушался... песня была дика и годилась для шума листьев и ветра пустыни; вот она:

Моя мать родная —
Кручинушка злая;
Мой отец родной
Назывался судьбой.
Мои братья хоть люди
Не хотят к этой груди
Прижаться,
Им стыдно со мною,
С бедным сиротою,
Обняться.
Но мне богом дана
Молодая жена,
Вольность-волюшка,
Воля милая,
Несравненная,
Неизменная;
С ней нашлись другие у меня
Мать, отец и семья;
А моя мать — степь широкая,
А мой отец — небо далекое,
А братья мои в лесах
Березы да сосны;
Скачу ли я на коне,
Степь отвечает мне,
Брожу ли поздней порой,
Небо светит луной;
Мои братья в жаркий день,
Призывая под тень,
Машут издали руками,
Кивают мне головами,
А вольность мне гнездо свила
Как мир необъятное!

Так пел казак, шагом выезжая на гору по узкой дороге, беззаботно бросив повода и сложа руки. Конь привычный не требовал понуждения; и молодой казак на свободе предавался мечтам своим. Его голос был чист и полон, его сердце казалось таким же.

Не песня, но вид казака сильно подействовал на Вадима; он ударил себя в лоб рукой, как обыкновенно делают, когда является неожиданная мысль.

— Стой, — сказал он, устремив мрачный взор на подъехавшего казака; не знаю, что больше подействовало на последнего, голос или взор? но казак остановился и хотел ухватиться за саблю.

— Не нужно! — продолжал Вадим: — поезжай скажи Белбородке, что послезавтра я его жду к себе в гости; — нынешнюю весну Палицын поставил на дворе новые качели... к двум веревкам не долго прибавить третью... итак послезавтра... скажи, что Красная шапка ему кланяется. — Ступай.

При имени Красной шапки казак почтительно съехал с дороги и дал место Вадиму, который гордо и вместе ласково кивнул головой, ударил нагайкой лошадь... и ускакал.

Надобно иметь слишком великую или слишком ничтожную, мелкую душу, чтоб так играть жизнью и смертию!.. одним словом Вадим убил семейство! и что же он такое? — вчера нищий, сегодня раб, а завтра бунтовщик, незаметный в пьяной, окровавленной толпе! — Не сам ли он создал свое могущество? какая слава, если б он избрал другое поприще, если б то, что сделал для своей личной мести, если б это терпение, геройское терпение, эту скорость мысли, эту решительность обратил в пользу какого-нибудь народа, угнетенного чуждым завоевателем... какая слава! если б, например, он родился в Греции, когда турки угнетали потомков Леонида... а теперь?.. имея в виду одну цель — смерть трех человек, из коих один только виновен, теперь он со всем своим гением должен потонуть в пучине неизвестности... ужели он родился только для их казни!.. разобрав эти мысли, он так мал сделался в собственных глазах, что готов был бы в один миг уничтожить плоды многих лет; и презрение к самому себе, горькое презрение обвилось как змея вокруг его сердца и вокруг вселенной, потому что для Вадима всё заключалось в его сердце!

Теряясь в таких мыслях, он сбился с дороги и (был ли то случай) неприметно подъехал к тому самому монастырю, где в первый раз, прикрытый нищенским рубищем, пламенный обожатель собственной страсти, он предложил свои услуги Борису Петровичу... о, тот вечер неизгладимо остался в его памяти, со всеми своими красками земными и небесными, как пестрый мотылек, утонувший в янтаре. И теперь опять он здесь, теперь, когда, видя близкий конец своего ужасного предприятия, он едва может перенесть тягость одной насмешки самолюбия. Спрашиваю: случай ли привел его сюда!..

Звонили ко всенощной, и протяжный дрожащий вой колокола раздавался в окрестности; солнце было низко, и одна половина стены ярко озарялась розовым блеском заката; народ из соседних деревень, в нарядных одеждах, толпился у святых врат, и Вадим издали узнал длинные дроги Палицына, покрытые узорчатым ковром. Кто же здесь? верно Наталья Сергевна; он привязал свою лошадь к толстой березе и пошел в монастырь; — сердце его билось болезненным ожиданием, но скоро перестало — один любопытный взгляд толпы, одно насмешливое слово! и человек делается снова демон!..

Тихо Вадим приближался к церкви; сквозь длинные окна сияли многочисленные свечи и на тусклых стеклах мелькали колеблющиеся тени богомольцев; но во дворе монастырском всё было тихо; в тени, окруженные высокою полынью и рябиновыми кустами, белели памятники усопших с надписями и крестами; свежая роса упадала на них, и вечерние мошки жужжали кругом; у колодца стоял павлин, распуша радужный хвост, неподвижен, как новый памятник; не знаю, с какою целью, но эта птица находится почти во всех монастырях!

По обеим сторонам крыльца церковного сидели нищие, прежние его товарищи... они его не узнали или не смели узнать... но Вадим почувствовал неизъяснимое сострадание к этим существам, которые подобно червям ползают у ног богатства, которые, без родных и отечества, кажется, созданы только для того, чтобы упражнять в чувствительности проходящих!.. но люди ко всему привыкают, и если подумаешь, то ужаснешься; как знать? может быть чувства святейшие одна привычка, и если б зло было так же редко, как добро, а последнее — наоборот, то наши преступления считались бы величайшими подвигами добродетели человеческой!

Вадим, сказал я, почувствовал сострадание к нищим и остановился, чтобы дать им что-нибудь; вынув несколько грошей, он каждому бросал по одному; они благодарили нараспев, давно затверженными словами и даже не подняв глаз, чтобы рассмотреть подателя милостыни... это равнодушие напомнило Вадиму, где он и с кем; он хотел идти далее; но костистая рука вдруг остановила его за плечо; — "постой, постой, кормилец!" — пропищал хриплый женский голос сзади его, и рука нищенки всё крепче сжимала свою добычу; он обернулся — и отвратительное зрелище представилось его глазам: старушка, низенькая, сухая, с большим брюхом, так сказать, повисла на нем: ее засученные рукава обнажали две руки, похожие на грабли, и полусиний сарафан, составленный из тысячи гадких лохмотьев, висел криво и косо на этом подвижном скелете; выражение ее лица поражало ум какой-то неизъяснимой низостью, какой-то гнилостью, свойственной мертвецам, долго стоявшим на воздухе; вздернутый нос, огромный рот, из которого вырывался голос резкий и странный, еще ничего не значили в сравнении с глазами нищенки! вообразите два серые кружка, прыгающие в узких щелях, обведенных красными каймами; ни ресниц, ни бровей!..

и при всем этом взгляд, тяготеющий на поверхности души, производящий во всех чувствах болезненное сжимание!.. Вадим не был суевер, но волосы у него встали дыбом. Он в один миг прочел в ее чертах целую повесть разврата и преступлений, — но не встретил ничего похожего на раскаянье; не мудрено, если он отгадал правду: есть существа, которые на высшей степени несчастия так умеют обрубить обточить свою бедственную душу, что она теряет все способности, кроме первой и последней: жить!

— Ты позабыл меня, дорогой, позабыл — дай копеечку, — не для бога, для черта... дай копеечку... али позабыл меня! не гордись, что ты холоп барской... чай, недавно валялся вместе...

Вадим вырвался из ее рук.

— Проклят! проклят, проклят! — кричала в бешенстве старуха: — чтобы тебе сгнить живому, чтобы черви твой язык подточили, чтоб вороны глаза проклевали, — чтоб тебе ходить, спотыкаться, пить, захлебнуться... — горбатый, урод, холоп... проклят, проклят!..

И снова она уцепилась за полу Вадима; он обернулся и с досады так сильно толкнул ее в грудь, что она упала навзничь на каменное крыльцо; голова ее стукнула, как что-то пустое, и ноги протянулись; она ни слова не сказала больше, по крайней мере Вадим не слыхал, потому что он поспешно взошел в церковь, где толпа слушала с благоговением всенощную. Эти самые люди готовились проливать кровь завтра, нынче! и они, крестясь и кланяясь в землю, поталкивали друг друга, если замечали возле себя дворянина, и готовы были растерзать его на месте; — но еще не смели; еще ни один казак не привозил кровавых приказаний в окружные деревни.

Вадим продрался сквозь толпу до самого клироса и, став на амвон, окинул взором всю церковь. Прямой, высокий, вызолоченный иконостас был уставлен образами в 5 рядов, а огромные паникадила, висящие среди церкви, бросали сквозь дым ладана таинственные лучи на блестящую резьбу и усыпанные жемчугом оклады; задняя часть храма была в глубокой темноте; одна лампада, как запоздалая звезда, не могла рассеять вокруг тяготеющие тени; у стены едва можно было различить бледное лицо старого схимника, лицо, которое вы приняли бы за восковое, если б голова порою не наклонялась и не шевелились губы; черная мантия и клобук увеличивали его бледность, и руки, сложенные на груди крестом, подобились тем двум костям, которые обыкновенно рисуются под адамовой головой.

Поближе, между столбами, и против царских дверей пестрела толпа. Перед Вадимом было волнующееся море голов, и он с возвышения свободно мог рассматривать каждую; тут мелькали уродливые лица, как странные китайские тени, которые поражали слиянием скотского с человеческим, уродливые черты, которых отвратительность определить невозможно было, но при взгляде на них рождались горькие мысли; тут являлись старые головы, исчерченные морщинами, красные, хранящие столько смешанных следов страстей унизительных и благородных, что сообразить их было бы трудней, чем исчислить; и между ними кое-где сиял молодой взор и показывались щеки, полные, раскрашенные здоровьем, как цветы между серыми камнями.

Имея эту картину пред глазами, вы без труда могли бы разобрать каждую часть ее; но целое произвело бы на вас впечатление смутное, неизъяснимое; и после, вспоминая, вы не сумели бы ясно представить себе ни одного из тех образов, которые поразили ваше воображение, подали вам какую-нибудь новую мысль и, оставив ее, сами потонули в тумане.

Вадим для рассеянья старался угадывать внутреннее состояние каждого богомольца по его наружности, но ему не удалось; он потерял принятый порядок, и скоро всё слилось перед его глазами в пестрое собранье лохмотьев, в кучу носов, глаз, бород; и озаренные общим светом, они, казалось, принадлежали одному, живому, вечно движущемуся существу; — одним словом, это была — толпа: нечто смешное и вместе жалкое!

Бродячий взгляд Вадима искал где-нибудь остановиться, но картина была слишком разнообразна, и к тому же все мысли его, сосредоточенные на один предмет, не отражали впечатлений внешних; одно мучительно-сладкое чувство ненависти, достигнув высшей своей степени, загородило весь мир, и душа поневоле смотрела сквозь этот черный занавес.

Направо, между царскими и боковыми дверьми, был нерукотворенный образ спасителя удивительной величины; позолоченный оклад, искусно выделанный, сиял как жар, и множество свечей, расставленных на висящем паникадиле, кидали красноватые лучи на возвышающиеся части мелкой резьбы или на круглые складки одежды; перед самым образом стояла железная кружка, — это была милость у ног спасителя, — и над ней внизу образа было написано крупными, выпуклыми буквами: приидите ко мне вси труждающиеся и аз успокою вы!

Многие приближались к образу и, приложившись после земляного поклона, кидали в кружку медные деньги, которые, упадая, отдавали глухой звук.

Раз госпожа и крестьянка с грудным младенцем на руках подошли вместе; но первая с надменным видом оттолкнула последнюю и ушибенный ребенок громко закричал; — "не мудрено, что завтра, — подумал Вадим, — эта богатая женщина будет издыхать на виселице, тогда как бедная, хлопая в ладоши, станет указывать на нее детям своим"; — и отвернувшись он хотел идти прочь.

Но третья женщина приблизилась к святой иконе, — и — он знал эту женщину!..

Ее кровь — была его кровь, ее жизнь — была ему в тысячу раз

дороже собственной жизни, но ее счастье — не было его счастьем; потому что она любила другого, прекрасного юношу; а он, безобразный, хромой, горбатый, не умел заслужить даже братской нежности; он, который любил ее одну в целом божьем мире, ее одну, — который за первое непритворное искреннее: люблю — с восторгом бросил бы к ее ногам всё, что имел, свое сокровище, свой кумир — свою ненависть!.. Теперь было поздно.

Он знал, твердо был уверен, что ее сердце отдано... и навеки... Итак, она для него погибла... и со всем тем, чем более страдал, тем меньше мог расстаться с своей любовью... потому что эта любовь была последняя божественная часть его души и, угасив ее, он не мог бы остаться человеком.

Не заметив брата, Ольга тихо стала перед образом, бледна и прекрасна; она была одета в черную бархатную шубейку, как в тот роковой вечер, когда Вадим ей открыл свою тайну; большие глаза ее были устремлены на лик спасителя, это была ее единственная молитва, и если б бог был человек, то подобные глаза никогда не молились бы напрасно.

Перекрестясь, она приложилась; яркая риза на минуту потускнела от девственного дыханья.

И когда Ольга вторично подняла взор, то в нем заметна была перемена, довольно странная; удивительный блеск заменил прежнюю томность; это были слезы... одна из них не удержалась на густой реснице, блеснула как алмаз и упала.

Конечно, новая надежда вытеснила из ее сердца эти слезы, и Ольга обернулась, чтоб удалиться... и перед ней стоял Вадим; его огненный взгляд в одну минуту высушил слезы, каждая жила ее сердца вздрогнула, дыханье остановилось.

Горе, горе ему! она пришла сюда с верою в душе, — а возвратилась с отчаяньем; (всё это время дьячок читал козлиным голосом послание апостола Павла, и кругом, ничего не заметив, толпа зевала в немом бездействии... что такое две страсти в целом мире равнодушия?).

С горькой, горькой улыбкой Вадим вторично прочел под образом спасителя известный стих: приидите ко мне вси труждающиеся и аз успокою вы! что делать! — он верил в бога — но также и в дьявола!

И выходя из храма, он еще раз взглянул на сестру; возле нее стоял Юрий, небрежно, чертя на песке разные узоры своей шпагой; и она, прислонясь к стене, не сводила с него очей, исполненных неизъяснимой муки... можно было подумать, что через минуту ей суждено с ним расстаться навсегда.

Но разве несколько дней не короче минуты, когда смерть зовет и любовь потеряла надежду.

— Итак, она точно его любит! — шептал Вадим, неподвижно остановясь в дверях. Одна его рука была за пазухой, а ногти его по какому-то судорожному движению так глубоко врезались в тело, что когда он вынул руку, то пальцы были в крови... он как безумный посмотрел на них, молча стряхнул кровавые капли на землю и вышел.

На крыльце шумела куча нищих и богомольцев; они составляли кружок, и посреди их на холодных каменных плитах лежала протянувшись мертвая старуха.

— Какой-то проходящий толкнул ее... мы думали, что он шутит... она упала, да и окачурилась... черт ее знал! вольно ж было не закричать! — так говорил один нищий; другие повторяли его слова с шумом, оправдываясь в том, что не подали ей помощь, и плачевным голосом защищали свою невинность.

Вадим слышал... но не вспомнил, что он толкнул старуху.

— Итак, она его любит! — бормотал он сквозь зубы, садясь на нетерпеливого коня; — итак, она его любит!

Вадим имел несчастную душу, над которой иногда единая мысль могла приобрести неограниченную власть. Он должен бы был родиться всемогущим или вовсе не родиться.

ГЛАВА XV

Между тем перед вратами монастырскими собиралась буйная толпа народа; кое-где показывались казацкие шапки, блистали копья и ружья; часто от общего ропота отделялись грозные речи, дышащие мятежом и убийством, — часто раздавались отрывистые песни и пьяный хохот, которые не предвещали ничего доброго, потому что веселость толпы в такую минуту — поцелуй Июды! — Что-то ужасное созревало под этой веселостию, подстрекаемой своеволием, возбужденной новыми пришельцами, уже привыкшими к кровавым зрелищам и грабежу свободному...

И всё это происходило в виду церкви, где еще блистали свечи и раздавалось молитвенное пение.

Скоро и в церкви пробежал зловещий шепот; понемногу мужики стали из нее выбираться, одни от нетерпения, другие из любопытства, а иные — так, потому что сосед сказал: пойдем, потому что... как не посмотреть, что там делается?

Народ, столпившийся перед монастырем, был из ближней деревни, лежащей под горой; беспрестанно приходили новые помощники, беспрестанно частные возгласы сливались более и более в один общий гул, в один продолжительный, величественный рев, подобный беспрерывному грому в душную летнюю ночь... картина была ужасная, отвратительная... но взор хладнокровного наблюдателя мог бы ею насытиться вполне; тут он понял бы, что такое народ: камень, висящий на полугоре, который может быть сдвинут усилием ребенка, но несмотря на то сокрушает всё, что ни встретит в своем безотчетном стремлении... тут он увидал бы, как мелкие самолюбивые страсти получают вес и силу оттого, что становятся общими; как народ, невежественный и не чувствующий себя, хочет увериться в истине своей минутной, поддельной власти, угрожая всему, что прежде он уважал или чего боялся, подобно ребенку, который говорит неблагопристойности, желая доказать этим, что он взрослый мужчина!

Вокруг яркого огня, разведенного прямо против ворот монастырских, больше всех кричали и коверкались нищие. Их радость была исступление; озаренные трепетным, багровым отблеском огня, они составляли первый план картины; за ними всё было мрачнее и неопределительнее, люди двигались, как резкие, грубые тени; казалось, неизвестный живописец назначил этим нищим, этим отвратительным лохмотьям приличное место; казалось, он выставил их на свет как главную мысль, главную черту характера своей картины...

Они были душа этого огромного тела — потому что нищета душа порока и преступлений; теперь настал час их торжества; теперь они могли в свою очередь насмеяться над богатством, теперь они превратили свои лохмотья в царские одежды и кровью смывали с них пятна грязи; это был пурпур в своем роде; чем менее они надеялись повелевать, тем ужаснее было их царствование; надобно же вознаградить целую жизнь страданий хотя одной минутой торжества; нанести хотя один удар тому, чье каждое слово было — обида, один — но смертельный.

Когда служба в монастыре отошла и приезжие богомольцы, толкаясь, кучею повалили на крыльцо, то шум на время замолк, и потом вдруг пробежал зловещий ропот по толпе мятежной, как ропот листьев, пробужденных внезапным вихрем. И неизвестная рука, неизвестный голос подал знак, не условный, но понятный всем, но для всех повелительный; это был бедный ребенок одиннадцати лет не более, который, заграждая путь какой-то толстой барыне, получил от нее удар в затылок и, громко заплакав, упал на землю... этого было довольно: толпа зашевелилась, зажужжала, двинулась — как будто она до сих пор ожидала только эту причину, этот незначащий предлог, чтобы наложить руки на свои жертвы, чтоб совершенно обнаружить свою ненависть! Народ, еще неопытный в таких волнениях, похож на актера, который, являясь впервые на сцену, так смущен новостию своего положения, что забывает начало роли, как бы твердо ее ни знал он; надобно непременно, чтоб суфлер, этот услужливый Протей, подсказал ему первое слово, — и тогда можно надеяться, что он не запнется на дороге.

Между тем Юрий и Ольга, которые вышли из монастыря несколько прежде Натальи Сергевны, не захотев ее дожидаться у экипажа и желая воспользоваться душистой прохладой вечера, шли рука об руку по пыльной дороге; чувствуя теплоту девственного тела так близко от своего сердца, внимая шороху платья, Юрий невольно забылся, он обвил круглый стан Ольги одной рукою и другой отодвинул большой бумажный платок, покрывавший ее голову и плечи, напечатлел жаркий поцелуй на ее круглой шее; она запылала, крепче прижалась к нему и ускорила шаги, не говоря ни слова... в это время они находились на перекрестке двух дорог, возле большой засохшей от старости ветлы, коей черные сучья резко рисовались на полусветлом небосклоне, еще хранящем последний отблеск запада.

Вдруг Ольга остановилась; странные звуки, подобные крикам отчаяния и воплю бешенства, поразили слух ее: они постепенно возрастали.

— Что-то ужасное происходит у монастыря, — воскликнула Ольга; — моя душа предчувствует... о Юрий! Юрий!.. если б ты знал, мы гибнем... ты заметил ли зловещий шепот народа при выходе из церкви и заметил ли эти дикие лица нищих, которые радовались и веселились... — о, это дурной знак: святые плачут, когда демоны смеются.

Юрий, мрачный, в нерешимости, бежать ли ему на помощь к матери, или остаться здесь, стоял, вперив глаза на монастырь, коего нижние части были ярко освещены огнями; вдруг глаза его сверкнули; он кинулся к дереву; в одну минуту вскарабкался до половины и вскоре с помощью толстых сучьев взобрался почти на самый верх.

— Что видишь ты<?> — спросила трепетная Ольга.

Он не отвечал; была минута, в которую он так сильно вздрогнул, что Ольга вскрикнула, думая, что он сорвется; но рука Юрия как бы машинально впилась в бесчувственное дерево; наконец он слез, молча сел на траву близ дороги и закрыл лицо руками; "что видел ты, — говорила девушка, — отчего твои руки так холодны; и лицо так влажно..."

— Это роса, — отвечал Юрий, отирая хладный пот с чела и вставая с земли.

— Всё кончено... напрасно — я бессилен против этой толпы. Она погибла — о провидение, — что мне делать, что мне делать, отвечай мне, творец всемогущий! — воскликнул он, ломая руки и скрежеща зубами.

Ночь делалась темнее и темнее; и Ольга, ухватясь за своего друга, с ужасом кидала взоры на дальний монастырь, внимая гулу и воплям, разносимым по полю возрастающим ветром; вдруг шум колес и топот лошадиный послышались по дороге; они постепенно приближались, и вскоре подъехал к нашим странникам мужик в пустой телеге; он ехал рысью, правил стоя и пел какую-то нескладную песню. Поровнявшись с Юрием, он приостановил свою буланую лошадь. — "Что, боярин, — сказал он насмешливо, поглаживая рыжую бороду; — аль там не пирогами кормят; что ты больно поторопился домой-то... да еще пешечком, сем-ка довезу!.."

Юрий, не отвечая ни слова, схватил лошадь под уздцы; "что ты, что ты, боярин! — закричал грубо мужик, — уж не впрямь ли хочешь со мною съездить!.. эк всполошился!" — продолжал он, ударив лошадь кнутом и присвиснув; добрый конь рванулся... но Юрий, коего силы удвоило отчаяние, так крепко вцепился в узду, что лошадь принуждена была кинуться в сторону; между тем колесо телеги сильно ударилось о камень, и она едва не опрокинулась; мужик, потерявший равновесие, упал, но не выпустил вожжи; он уж занес ногу, чтоб опять вскочить в телегу, когда неожиданный удар по голове поверг его на землю и сильная рука вырвала вожжи... "Разбой!" — заревел мужик, опомнившись и стараясь приподняться; но Юрий уже успел схватить Ольгу, посадить ее в телегу, повернуть лошадь и ударить ее изо всей мочи; она кинулась со всех ног; мужик еще раз успел хриплым голосом закричать: "разбой!" Колесо переехало ему через грудь, и он замолк, вероятно навеки.

Ужасна была эта ночь, — толпа шумела почти до рассвета и кровавые потешные огни встретили первый луч восходящего светила; множество нищих, обезображенных кровью, вином и грязью, валялось на поляне, иные из них уж собирались кучками и расходились; во многих местах опаленная трава и черный пепел показывали место угасшего костра; на некоторых деревьях висели трупы... два или три, не более... Один из них по всем приметам был некогда женщиной, но, обезображенный, он едва походил на бренные остатки человека; — и даже ближайшие родственники не могли бы в нем узнать добрую <Наталью> Сергевну.

ГЛАВА XVI

Я попрошу своего или своих любезных читателей перенестись воображением в ту малую лесную деревеньку, где Борис Петрович со своей охотой основал главную свою квартиру, находя ее центром своих операционных пунктов; накануне травля была удачная; поздно наш старый охотник возвратился на ночлег, досадуя на то, что его стремянный, Вадим, уехав бог знает зачем, не возвратился. В избе, где он ночевал, была одна хозяйка, вдова, солдатка лет 30, довольно белая, здоровая, большая, русая, черноглазая, полногрудая, опрятная — и потому вы легко отгадаете, что старый наш прелюбодей, несмотря на серебристую оттенку волос своих и на рождающиеся признаки будущей подагры, не смотрел на нее философическим взглядом, а старался всячески выиграть ее благосклонность, что и удалось ему довольно скоро и без больших убытков и хлопот. Уж давно лучина была погашена; уж петух, хлопая крыльями, сбирался в первый раз пропеть свою сиповатую арию, уж кони, сытые по горло, изредка только жевали остатки хрупкого овса, и в избе на полатях, рядом с полногрудой хозяйкою, Борис Петрович храпел непомиловано. Вероятно, утомленный трудами дня и (вероятнее) упоенный сладкой водочкой и поцелуями полногрудой хозяйки и успокоенный чистой и непорочной совестью, он еще долго бы продолжал храпеть и переворачиваться со стороны на сторону, если б вдруг среди глубокой тишины сильная, неведомая рука не ударила три раза в ворота так, что они затрещали. Собаки жалобно залаяли, и хозяйка, вздрогнув, проснулась, перекрестилась и, протирая кулаками опухшие глаза и разбирая растрепанные волосы, молвила: "господи, боже мой! — да кто это там!.. наше место свято!.. да что это как стучат". Она слезла и подошла к окну; отворила его: ночной ветер пахнул ей на открытую потную грудь, и она, с досадой высунув голову на улицу, повторила свои вопросы; в самом деле, буланая лошадь в хомуте и шлее стояла у ворот и возле нее человек, незнакомый ей, но с виду не старый и не крестьянин.

— Отопри проворнее!.. — закричал он громовым голосом.

— Экой скорой! — пробормотала солдатка, захлопнув окно; — подождешь, не замерзнешь!.. Не спится видно тебе, так бродишь по лесу, как леший проклятый... — Она надела шубу, вышла, разбудила работника, и тот наконец отпер скрыпучую калитку, браня приезжего; но сей последний, едва лишь ворвался на двор и узнал от работника, что Борис Петрович тут, как опрометью бросился в избу.

— Батюшка! — сказал Юрий, которого вы, вероятно, узнали, приметно изменившимся голосом и в потемках ощупывая предметы, — проснитесь! где вы!.. проснитесь!.. дело идет о жизни и смерти!.. послушай, — продолжал он шепотом, обратясь к полусонной хозяйке и внезапно схватив ее за горло: — где мой отец? что вы с ним сделали?..

— Помилуй, барин, что ты, рехнулся што ли... я закричу... да пусти, пусти меня, окаянный... да разве не слышишь, как он на полатях-то храпит... — И задыхаясь она старалась вырваться из рук Юрия...

— Что за шум! кто там развозился! Петрушка, Терешка, Фотька!.. ей вы... — закричал Борис Петрович, пробужденный шумом и холодным ветром, который рвался в полурастворенные двери, свистя и завывая, подобно лютому зверю.

— Батюшка! — говорил Юрий, пустив обрадованную женщину, — сойдите скорее... жизнь и смерть, говорю я вам!.. сойдите, ради неба или ада...

— Да что ты за человек, — бормотал Борис Петрович, сползая с печи...

— Я! ваш сын... Юрий...

73

— Юрий... что это значит... объясни... зачем ты здесь... и в это время!..

Он в испуге схватил сына за руки и смотрел ему в глаза, стараясь убедиться, что это он, что это не лукавый призрак.

— Батюшка! мы погибли!.. народ бунтует! да! и у нас... я видел, когда проскакал, на улице села и вокруг церкви толпились кучи народа... и некоторые восклицания, долетевшие до меня, показывают, что они ждут если не самого Пугачева, то казаков его... спасайтесь!..

— А <Наталья> Сергевна!.. а вещи мои...

— Матушка... не говорите об ней...

— Она...

— Спасайтесь! — сказал мрачно Юрий, крепко обняв отца своего; горячая слеза брызнула из глаз юноши и упала как искра на щеку старика и обожгла ее...

— О!.. — завопил он. — Кто б мог подумать! поверить?.. кто ожидал, что эта туча доберется и до нас грешных! о господи! господи!.. — куда мне деваться!.. все против нас... бог и люди... и кто мог отгадать, что этот Пугачев будет губить кого же? — русское дворянство! — простой казак!.. боже мой! святые отцы!

— Нет ли у вас с собою кого-нибудь, на чью верность вы можете надеяться! — сказал быстро Юрий.

— Нет! нет! никого нет!..

— Фотька Атуев?..

— Я его сегодня прибил до полусмерти, каналью!

— Терешка!..

— Он давно желал бы мне нож в бок за жену свою... разбойники, антихристы!.. о спаси меня! сын мой...

— Мы погибли! — молвил Юрий, сложив руки и подняв глаза к небу. — Один бог может сохранить нас!.. молитесь ему, если можете...

Борис Петрович упал на колена; и слезы рекой полились из глаз его; малодушный старик! он ожидал, что целый хор ангелов спустится к нему на луче месяца и унесет его на серебряных крыльях за тридевять земель.

Но не ангел, а бедная солдатка с состраданием подошла к нему и молвила: я спасу тебя.

В важные эпохи жизни, иногда, в самом обыкновенном человеке разгорается искра геройства, неизвестно доселе тлевшая в груди его, и тогда он свершает дела, о коих до сего ему не случалось и грезить, которым даже после он сам едва верует. Есть простая пословица: Москва сгорела от копеечной свечки!

Между тем хозяйка молча подала знак рукою, чтоб они оба за нею следовали, и вышла; на цыпочках они миновали темные сени, где спал стремянный Палицына, и осторожно спустились на двор по четырем скрыпучим и скользким ступеням; на дворе всё было тихо; собаки на сворах лежали под навесом, и изредка лишь фыркали сытые кони или охотник произносил во сне бессвязные слова, поворачиваясь на соломе под теплым полушубком. Когда они миновали анбар и подошли к задним воротам, соединявшим двор с обширным огородом, усеянным капустой, коноплями, редькой и подсолнечниками и оканчивающимся тесным гумном, где только две клади как будки, стоя по углам, казалось, сторожили высокий и пустой овин, возвышающийся посередине, то раздался чей-то голос, вероятно, одного из пробудившихся псарей: "кто там?" — спросил он. — "Разве не видишь, что хозяева", — отвечала солдатка; заметив, что псарь приближался к ней переваливаясь, как бы стараясь поддержать свою голову в равновесии с прочими частями тела, она указала своим спутникам большой куст репейника, за который они тотчас кинулись, и хладнокровно остановилась у ворот.

— А разве красавицам пристало гулять по ночам? — сказал, почесывая бока, пьяный псарь и тяжелой своей лапой с громким смехом ударил ее по плечу!..

— И батюшка! что я за красавица! с нашей работки-то не больно разжиреешь!..

— Уж не ломайся, знаем мы!.. Экая гладкая! у барина видно губа не дура... эк ты прижила себе старого черта!.. да небось! не сдобровать ему, высчитаем мы ему наши слезки... дай срок! батюшка Пугачев ему рыло-то обтешет... пусть себе не верит... а ты, моя молодка... за это поцелуй меня.

Он хотел обнять ее, но она увернулась и наш проворный рыцарь спьяну наткнулся на оглоблю телеги... спотыкнулся, упал, проворчал несколько ругательств, и заснул он или нет, не знаю, по крайней мере не поднялся на ноги и остался в сладком самозабвении.

Легко вообразить, с каким нетерпением отец и сын ожидали конца этой неприятной сцены... наконец они вышли в огород и удвоили шаги. Сильно бились сердца их, стесненные непонятным предчувствием, они шли, удерживая дыхание, скользя по росистой траве, продираясь между коноплей и вязких гряд, зацепляя поминутно ногами или за кирпич или за хворост; вороньи пугалы казались им людьми, и каждый раз, когда полевая крыса кидалась из-под ног их, они вздрагивали. Борис Петрович хватался за рукоятку охотничьего ножа, а Юрий за шпагу... но, к счастию, все их страхи были напрасны, и они благополучно приближились к темному овину; хозяйка вошла туда, за нею Борис Петрович и Юрий; она подвела их к одному темному углу, где находилось два сусека, один из них с хлебом, а другой до половины наваленный соломой.

— Полезай сюда, барин, — сказала солдатка, указывая на

76

второй, — да заройся хорошенько с головой в солому, и кто бы ни приходил, что бы тут ни делали... не вылезай без меня; а я, коли жива буду, тебя не выдам; что б ни было, а этого греха не возьму на свою душу!..

Когда Борис Петрович влез, то Юрий, вместо того, чтобы следовать его примеру, взглянул на небо и сказал твердым голосом: "прощайте, батюшка, будьте живы... ваше благословение! может быть, мы больше не увидимся". Он повернулся и быстро пустился назад по той же дороге; взойдя на двор, он, не будучи никем замечен, отвязал лучшую лошадь, вскочил на нее и пустился снова через огород, проскакал гумно, махнул рукою удивленной хозяйке, которая еще стояла у дверей овина, и, перескочив через ветхий, обвалившийся забор, скрылся в поле как молния; несколько минут можно было различить мерный топот скачущего коня... он постепенно становился тише и тише, и наконец совершенно слился с шепотом листьев дубравы.

"Куда этот верченый пустился! — подумала удивленная хозяйка, — видно голова крепка на плечах, а то кто бы ему велел таскаться — ну, не дай бог, наткнется на казаков и поминай как звали буйнова мо́лодца — ох! ох! ох! больно меня раздумье берет!.. спрятала-то я старого, спрятала, а как станут меня бить да мучить... ну, уж коли на то пошла, так берегись, баба!.. не давши слова держись, а давши крепись... только бы он сам не оплошал!"

ГЛАВА XVII

В эту же ночь, богатую событиями, Вадим, выехав из монастыря, пустился блуждать по лесу, но конь, устав продираться сквозь колючий кустарник, сам вывез его на дорогу в село Палицына.

Задумавшись ехал мрачный горбач, сложа руки на груди и повеся голову; его охотничья плеть моталась на передней луке казацкого седла, и добрый степной конь его, горячий, щекотливый от природы, понемногу стал прибавлять ходу, сбился на рысь, потом, чувствуя, что повода висят покойно на его мохнатой шее, зафыркал, прыгнул и ударился скакать... Вадим опомнился, схватил поводья и так сильно осадил коня, что тот сразу присел на хвост, замотал головою, сделал еще два скачка вбок и остановился: теплый пар поднялся от хребта его, и пена, стекая по стальным удилам, клоками падала на землю.

"Куда торопишься? чему обрадовался, лихой товарищ? — сказал Вадим... но тебя ждет покой и теплое стойло: ты не любишь, ты не понимаешь ненависти: ты не получил от благих небес этой чудной способности: находить блаженство в самых диких страданиях... о если б я мог вырвать из души своей эту страсть, вырвать с корнем, вот так! — и он наклонясь вырвал из земли высокий стебель полыни; — но нет! — продолжал он... одной капли яда довольно, чтоб отравить чашу, полную чистейшей влаги, и надо ее выплеснуть всю, чтобы вылить яд..."
Он продолжал свой путь, но не шагом: неведомая сила влечет его: неутомимый конь летит, рассекает упорный воздух; волосы Вадима развеваются, два раза шапка чуть-чуть не слетела с головы; он придерживает ее рукою... и только изредка поталкивает ногами скакуна своего; вот уж и село... церковь... кругом огни... мужики толпятся на улице в праздничных кафтанах... кричат, поют песни... то вдруг замолкнут, то вдруг сильней и громче пробежит говор по пьяной толпе... Вадим

78

привязывает коня к забору и неприметно вмешивается в толпу... Эти огни, эти песни — всё дышало тогда какой-то насильственной веселостью, принимало вид языческого празднества, и даже в песнях часто повторяемые имена дидо и ладо могли бы ввести в это заблуждение неопытного чужестранца.

— Ну! Вадимка! — сказал один толстый мужик с редкой бородою и огромной лысиной... — как слышно! скоро ли наш батюшка-то пожалует.

— Завтра — в обед, — отвечал Вадим, стараясь отделаться.

— Ой ли? — подхватил другой, — так стало быть не нонче, а завтра... — так... так!.. а что, как слышно?.. чай много с ним рати военной... чай, казаков-то видимо-невидимо... а что, у него серебряный кафтан-то?

— Ах ты дурак, дурак, забубенная башка... — сказал третий, покачивая головой, — эко диво серебряный... чай не только кафтан, да и сапоги-то золотые...

— Да кто ему подносить станет хлеб с солью? — чай всё старики...

— Вестимо... Послушай, брат Вадим, — продолжал четвертый, огромный детина, черномазый, с налитыми кровью глазами — где наш барин-то!.. не удрал бы он... а жаль бы было упустить... уж я бы его попотчевал... он и в могилу бы у меня с оскоминою лег...

"Нет, нет! — подумал Вадим, удаляясь от них, — это моя жертва... никто не наложит руки на него, кроме меня. Никто не услышит последнего его вопля, никто не напечатлеет в своей памяти последнего его взгляда, последнего судорожного движения, — кроме меня... Он мой — я купил его у небес и ада: я заплатил за него кровавыми слезами; ужасными днями, в течение коих мысленно я пожирал все возможные чувства, чтоб

79

под конец у меня в груди не осталось ни одного, кроме злобы и мщения... о! я не таков, чтобы равнодушно выпустить из рук свою добычу и уступить ее вам... подлые рабы!.."

Он быстрыми шагами спустился в овраг, где протекал небольшой гремучий ручей, который, прыгая через камни и пробираясь между сухими вербами, с журчанием терялся в густых камышах и безмолвно сливался с <Сурою>. Тут всё было тихо и пусто; на противной стороне возвышался позади небольшого сада господский дом с многочисленными службами... он был темен... ни в одном окне не мелькала свечка, как будто все его жители отправились в дальнюю дорогу... Вадим перебрался по доскам через ручей и подошел к ветхой бане, находящейся на полугоре и окруженной густыми рябиновыми кустами... ему показалось, что он заметил слабый свет сквозь замок двери; он остановился и на цыпочках подкрался к окну, плотно закрытому ставнем...

В бане слышались невнятные голоса, и Вадим, припав под окном в густую траву, начал прилежно вслушиваться: его сердце, закаленное противу всех земных несчастий, в эту минуту сильно забилось, как орел в железной клетке при виде кровавой пищи... Вадим удивился, как удивился бы другой, если б среди зимней ночи ударил гром... он крепко прижал руку к груди своей и прошептал: "спи, безумное! спи... твоя пора прошла или еще не настала! — но к чему теперь! — разве есть близко тебя существо, которое ты ненавидишь?... говори?.."
— и он, задержав дыхание, снова приложил ухо к окну — и услышал:

1 голос. Прощай, мой друг... навсегда...

2 голос. Мне тебя покинуть? Нет, если б на этом пороге было написано судьбою: смерть, — то я перескочил бы... обнял тебя... и умер...

1 голос. Но я в безопасности!.. я существо ничтожное; я останусь незамечена среди общего волнения...

2 голос. Нет, невозможно... долг зовет меня к отцу... я спасу его и вернусь... мир без тебя? что такое!.. храм без божества... Зачем мне бежать от опасности... разве провидение не настигнет меня везде, если я должен погибнуть!

1 голос. Жестокий! так ты не хочешь... послушай! ради бога... беги...

2 голос. Нет!.. прощай... через несколько часов я снова буду с тобою.

Голоса замолкли, и слышно было, как дверь бани скрыпнула отворяясь и как опять захлопнулась, и Вадим видел, как кто-то, подобно призраку, мелькнул в овраге, потом на горе, перескочил через плетень, перерезывающий овраг, и скрылся в ночном тумане...

Вадим встал, подошел к двери и твердою рукою толкнул ее; защелка внутри сорвалась, и роковая дверь со скрыпом распахнулась... кто-то вскрикнул... и всё замолкло снова... Вадим взошел, торжественно запер за собою дверь и остановился... на полу стоял фонарь... и возле него сидела, приклонив бледную голову к дубовой скамье... Ольга!..

Убийственная мысль как молния озарила ум бедного горбача; он отгадал в одно мгновение, кто был этот второй голос, о ком так нежно заботилась сестра его, как будто в нем одном были все надежды, вся любовь ее сердца...

Неподвижно сидела Ольга, на лице ее была печать безмолвного отчаяния, и глаза изливали какой-то однообразный, холодный луч, и сжатые губки казались растянуты постоянной улыбкой, но в этой улыбке дышал упрек провидению... Фонарь стоял у ног ее, и догорающий пламень огарка сквозь зеленые стеклы слабо озарял нижние части лица бедной девушки; ее грудь была прикрыта черной душегрейкой, которая по временам приподымалась, и длинная полуразвитая коса упадала на правое плечо ее.

Вадим стоял перед ней, как Мефистофель перед погибшею Маргаритой, с язвительным выражением очей, как раскаяние перед душою грешника; сложа руки, он ожидал, чтоб она к нему обернулась, но она осталась в прежнем положении, хотя молвила прерывающимся голосом:

— Чего ты от меня еще хочешь...

— Еще? — а что же я прежде от тебя требовал? каких жертв?.. говори, Ольга? — разве я силою заставил тебя произнести клятву... ты помнишь!.. разве я виноват, что роковая минута настала прежде, чем находишь это удобным?..

— О... ты хищный зверь, а не человек!..

— Ольга... твой отец был мой отец!

— Не верю, не могу верить... чтобы он, в жилище святых, желал погибели этого семейства, желал сделать нас преступными... нет! ты не брат мой!.. прочь — я ненавижу... презираю тебя...

— Ненавидишь: так... а презирать не можешь...

— Презираю...

— Ты боишься меня... — он дико засмеялся и подошел ближе.

— Вадим... ради отца нашего... удались... от тебя веет смертным холодом...

— Нет, Ольга... я останусь здесь целую ночь...

— Боже! — прошептала вздрогнув несчастная девушка, сердце сжалось... и смутное подозрение пробудилось в нем; она встала; ноги ее подгибались... она хотела сделать шаг и упала на колени...

— Послушай! — сказал Вадим, приподняв сестру; посадив ее на лавку, он взял ее влажную руку и, стараясь смягчить голос, продолжал: — послушай! было время, когда я думал твоей любовью освятить мою душу... были минуты, когда, глядя на тебя, на твои небесные очи, я хотел разом разрушить свой ужасный замысел, когда я надеялся забыть на груди твоей всё прошедшее как волшебную сказку... Но ты не захотела, ты обманула меня — тебя пленил прекрасный юноша... и безобразный горбач остался один... один... как черная тучка, забытая на ясном небе, на которую ни люди, ни солнце не хотят и взглянуть... да, ты этого не можешь понять... ты прекрасна, ты ангел, тебя не любить — невозможно... я это знаю... о, да посмотри на меня; неужели для меня нет ни одного взгляда, ни одной улыбки... всё ему! всё ему!.. да знаешь ли, что он должен быть доволен и десятою долею твоей нежности, что он не отдаст, как я, за одно твое слово всю свою будущность... о, да это невозможно тебе постигнуть... если б я знал, что на моем сердце написано, как я тебя люблю, то я вырвал бы его сию минуту из груди и бросил бы к тебе на колена... о, одно слово, Ольга, чтоб я не проклял тебя... умирая...

— Проклинай! — ответствовала она холодно...

Вадим, неподвижный, подобный одному из тех безобразных кумиров, кои доныне иногда в степи заволжской на холме поражают нас удивлением, стоял перед ней, ломая себе руки, и глаза его, полузакрытые густыми бровями, выражали непобедимое страдание... всё было тихо, лишь ветер, по временам пробегая по крыше бани, взрывал гнилую солому и гудел в пустой трубе... Вадим продолжал:

— Еще несколько слов, Ольга... и я тебя оставлю. Это мое последнее усилие... если ты теперь не сжалишься, то знай — между нами нет более никаких связей родства... — я освобождаю тебя от всех клятв, мне не нужно женской помощи; я безумец был, когда хотел поверить слабой девушке бич небесного правосудия... но довольно! довольно. Послушай: если б бедная собака, иссохшая, полуживая от голода и жажды, с визгом приползла к ногам твоим, и у тебя бы был кусок хлеба, один кусок хлеба... отвечай, что бы ты сделала?..

— Сердце не кусок хлеба, оно не в моей власти...

— А! не в твоей власти!.. А! но разве я это у тебя спрашивал?..

— Ты хотел ответа... я отвечала.

— В тебе нет жалости!

— А в тебе есть жалость?

— Так ты его очень, очень любишь?

— Больше всего на свете...

— А!.. — больше всего на свете... Но это напрасно!..

— Да, я его люблю — люблю — и никакая власть не разлучит нас.

— Ошибаешься! — воскликнул с горьким хохотом горбач... — он непременно должен умереть... и очень скоро!

— Я умру вместе с ним...

— О нет! ты не умрешь... не надейся!..

— Я надеюсь на бога... он возьмет нас вместе к себе или спасет его, несмотря на всю твою злобу...

— Не говори мне про бога!.. он меня не знает; он не захочет у меня вырвать обреченную жертву — ему всё равно... и не думаешь ли ты смягчить его слезами и просьбами?.. Ха, ха, ха!.. Ольга, Ольга — прощай — я иду от тебя... но помни последние слова мои: они стоят всех пророчеств... я говорю тебе: он погибнет, ты к мертвому праху прилепила сердце твое... его имя вычеркнуто уже этой рукою из списка живущих... да! — продолжал он после минутного молчания, и если хочешь, я в доказательство принесу тебе его голову...

Он отвернулся, хотел, по-видимому, что-то прибавить, — но голос замер на посиневших губах его, он закрыл лицо руками и

84

выбежал... быть может, желая утаить смущение или невольные слезы, или стремясь с сильнейшим порывом бешенства исполнить немедленно свое ужасное обещание.

Ольга осталась одна почти без чувств, в забытьи. Она едва видела, как брат ее скрылся, едва слышала удар захлопнувшейся двери...

ГЛАВА XVIII

что как эта может показаться мелкой и недостойной и не входящих
сеть и как отвечать с с сл деяния порядок сложность выполнять
историю пенчтельно не ужного ужасного сложность.

До сих пор в густых лесах Нижегородской, Симбирской, Пензенской и Саратовской губернии, некогда непроходимых кроме для медведей, волков и самых бесстрашных их гонителей, любопытный может видеть пещеры, подземные ходы, изрытые нашими предками, кои в них искали некогда убежище от набегов татар, крымцев и впоследствии от киргизов и башкир, угрожавших мирным деревням даже в царствование им. Елизаветы Петровны; последний набег был в 1769 году, но тогда, встретив уже войска около сих мест, башкиры принуждены были удалиться, не дойдя несколько верст до Саратова и не причинив значительного вреда. Случалось даже, что целые деревни были уведены в плен и рассеяны; во времена, нами описываемые, эти пещеры не были еще, как теперь, завалены сухими листьями и хворостом и одна из них находилась не в большом расстоянии от деревни Палицына. Народ дал ей прозвание Чертова логовища, и суеверные предания населили ее страшными кикиморами и рогатыми лешими.

Чтобы из села Палицына кратчайшим путем достигнуть этой уединенной пещеры, должно бы было переплыть реку и версты две идти болотистой долиной, усеянной кочками, ветловыми кустами и покрытой высоким камышом; только некоторые из окрестных жителей умели по разным приметам пробираться чрез это опасное место, где коварная зелень мхов обманывает неопытного путника и высокий тростник скрывает ямы и тину; болото оканчивается холмом, через который прежде вела тропинка и, спустясь с него, поворачивала по косогору в густой и мрачный лес; на опушке столетние липы как стражи, казалось, простирали огромные ветви, чтоб заслонить дорогу; казалось, на узорах их сморщенной коры был написан адскими буквами этот известный стих Данта: Lasciate ogni speranza voi ch'entrate![1] Тут тропинка снова постепенно ползла на отлогую длинную гору, извиваясь между дерев как змея, исчезая по временам под сухими хрупкими листьями и хворостом. Наконец лес начинал редеть, сквозь забор темных дерев начинало проглядывать голубое небо, и вдруг открывалась круглая луговина, обведенная лесом как волшебным очерком, блистающая светлою зеленью и пестрыми высокими цветами, как островок среди угрюмого моря, — на ней во время осени всегда являлся высокий стог сена, воздвигнутый трудолюбием какого-нибудь бедного мужика; грозно-молчаливо смотрели на нее друг из-за друга ели и березы, будто завидуя ее свежести, будто намереваясь толпой подвинуться вперед и злобно растоптать ее бархатную мураву. — От сей луговины еще 3 версты до Чертова логовища, но тропинки уже нет нигде... и должно идти всё на восток, стараясь как можно менее отклоняться от сего направления. Лес не так высок, но колючие кусты, хмель и другие растения переплетают неразрывною сеткою корни дерев, так что за 3 сажени нельзя почти различить стоящего человека; иногда встречаются глубокие ямы, гнезда бурею вырванных дерев, коих гнилые колоды, обросшие зеленью и плющом, с своими обнаженными сучьями, как крепостные рогатки, преграждают путь; под ними, выкопав себе широкое логовище, лежит зимой косматый медведь и сосет неистощимую лапу; дремучие ели как черный полог наклоняются над ним и убаюкивают его своим непонятным шепотом. Пройдя таким образом немного более двух верст, слышится что-то похожее на шум падающих вод, хотя человек, не привыкший к степной жизни, воспитанный на булеварах, не различил бы этот дальний ропот от говора листьев; — тогда, кинув глаза в ту сторону, откуда ветер принес сии новые звуки, можно заметить крутой и глубокий овраг; его берег обсажен наклонившимися березами, коих белые нагие корни, обмытые дождями весенними, висят над бездной длинными хвостами; глинистый скат оврага покрыт камнями и

---

[1] Оставь надежду, всяк сюда входящий! - Итал. - (Ред.)

обвалившимися глыбами земли, увлекшими за собою различные кусты, которые беспечно принялись на новой почве; на дне оврага, если подойти к самому краю и наклониться, придерживаясь за надёжные дерева, можно различить небольшой родник, но чрезвычайно быстро катящийся, покрывающийся по временам пеною, которая белее пуха лебяжьего останавливается клубами у берегов, держится несколько минут и вновь увлечена стремлением исчезает в камнях и рассыпается об них радужными брызгами. На самом краю сего оврага снова начинается едва приметная дорожка, будто выходящая из земли; она ведет между кустов вдоль по берегу рытвины и наконец, сделав еще несколько извилин, исчезает в глубокой яме, как уж в своей норе; но тут открывается маленькая поляна, уставленная несколькими высокими дубами; посередине возвышаются три кургана, образующие правильный треугольник; покрытые дерном и сухими листьями, они похожи с первого взгляда на могилы каких-нибудь древних татарских князей или наездников, но, взойдя в середину между них, мнение наблюдателя переменяется при виде отверстий, ведущих под каждый курган, который служит как бы сводом для темной подземной галереи; отверстия так малы, что едва на коленах может вползти человек, но когда сделаешь так несколько шагов, то пещера начинает расширяться всё более и более, и наконец три человека могут идти рядом без труда, не задевая почти локтем до стены; все три хода ведут, по-видимому, в разные стороны, сначала довольно круто спускаясь вниз, потом по горизонтальной линии, но галерея, обращенная к оврагу, имеет особенное устройство: несколько сажен она идет отлогим скатом, потом вдруг поворачивает направо, и горе любопытному, который неосторожно пустится по этому новому направлению; она оканчивается обрывом или, лучше сказать, поворачивает вертикально вниз: должно надеяться на твердость ног своих, чтоб спрыгнуть туда; как ни говори, две сажени не шутка; но тут оканчиваются все искусственные препятствия; она идет назад, параллельно верхней своей части, и в одной с нею вертикальной плоскости, потом склоняется налево и впадает в широкую круглую залу, куда также примыкают две другие; эта зала устлана камнями, имеет в стенах своих четыре впадины в виде нишей (niches); посередине один четвероугольный столб поддерживает глиняный свод ее, довольно искусно образованный; возле столба заметна яма, быть может служившая некогда вместо печи несчастным изгнанникам, которых судьба заставляла скрываться в сих подземных переходах; среди глубокого безмолвия этой залы слышно иногда журчание воды: то светлый, холодный, но маленький ключ, который, выходя из отверстия, сделанного, вероятно, с намерением, в стене, пробирается вдоль по ней и наконец, скрываясь в другом отверстии, обложенном камнями, исчезает; немолчный ропот беспокойных струй оживляет это мрачное жилище ночи, как песни узника оживляют безмолвие темницы; все эти признаки доказывают, что наши предки могли бы и намеревались выдержать здесь продолжительную осаду. Впрочем камни и земля — всё поросло мохом, при свете фонаря можно различить в стене норы земляных крыс и других скромных зверков, любителей мрака и неизвестности; инде свод начал обсыпаться, и от прежней правильности и симметрии почти не осталось никаких следов.

Борис Петрович знал это место, ибо раза два из любопытства, будучи на охоте, он подъезжал к нему, хотя ни разу не осмелился проникнуть в внутренность мрачных переходов: когда он опомнился от страха, то Чертово логовище, несмотря на это адское прозвание, представилось его мысли как единственное безопасное убежище... ибо остаться здесь, в старом овине, так близко от спящих палачей своих, было бы безрассудно... но как туда пробраться?

Я должен вам признаться, милые слушатели, что Борис Петрович — боялся смерти!.. чувство, равно свойственное человеку и собаке, вообще всем животным... но дело в том, что смерть Борису Петровичу казалась ужаснее, чем она кажется другим животным, ибо в эти минуты тревожная душа его, обнимая всё минувшее, была подобна преступнику, осужденному испанской инквизицией упасть в колючие объятия мадоны долорозы (madona dolorosa), этого искаженного, богохульного, страшного изображения святейшей святыни... О! я вам отвечаю, что Борис Петрович больше испугался, чем неопытный должник, который в первый раз, обшаривая пустые карманы, слышит за дверьми шаги и кашель чахоточного кредитора; бог знает, что прочел Палицын на замаранных листках своей совести, бог знает, какие образы теснились в его воспоминаниях — слово смерть, одно это слово, так ужаснуло его, что от одной этой кровавой мысли он раза три едва не обеспамятел, но его спасло именно отдаление всякой помощи: упав в обморок, он также боялся умереть. Смерть! смерть со всех сторон являлась мутным его очам, то грозная, высокая с распростертыми руками, как виселица, то неожиданная, внезапная, как измена, как удар грома небесного... она была снаружи, внутри его, везде, везде... она дробилась вдруг на тысячу разных видов, она насмешливо прыгала по влажным его членам, подымала его седые волосы, стучала его зубами друг об друга... наконец Борис Петрович хотел прогнать эту нестерпимую мысль... и чем же? молитвой!.. но напрасно!.. уста его шептали затверженные слова, но на каждое из них у души один был отзыв, один ответ: смерть!.. Он старался придумать способ к бегству, средство, какое бы оно ни было... самое отчаянное казалось ему лучшим; так прошел час, прошел другой... эти два удара молотка времени сильно отозвались в его сердце; каждый свист неугомонного ветра заставлял его вздрогнуть, малейший шорох в соломе, произведенный торопливостию большой крысы или другого столь же мирного животного, казался ему топотом злодеев... он страдал, жестоко страдал! и то сказать: каждому свой черед; счастие — женщина: коли полюбит вдруг сначала, так разлюбит под конец; Борис Петрович также иногда вспоминал о своей толстой подруге... и волос его вставал дыбом: он понял молчание сына при ее имени, он объяснил себе его трепет... в его памяти пробегали картины прежнего счастья, не омраченного раскаянием и страхом, они пролетали, как легкое дуновение, как листы, сорванные вихрем с березы, мелькая мимо нас, обманывают взор золотым и багряным блеском и упадают... очарованы их волшебными красками, увлечены невероятною мечтой, мы поднимаем их, рассматриваем... и не находим ни красок, ни блеска: это простые, гнилые, мертвые листы!..

Между тем дело подходило к рассвету, и Палицын более и более утверждался в своем намерении: спрятаться в мрачную пещеру, описанную нами; но кто ему будет носить пищу?.. где друзья? слуги? где рабы, низкие, послушные мановению руки, движению бровей? — никого! решительно никого!.. он плакал от бешенства!.. К тому же: кто его туда проводит? как выйдет он из этого душного овина, покуда его охотники не удалились?.. и не будет ли уже поздно, когда они удалятся...

На рассвете ему послышался лай, топот конский, крик, брань и по временам призывный звон рогов; это продолжалось с полчаса; наконец всё умолкло; — прошло еще полчаса; вдруг он слышит над собою женский голос: "барин! — барин!.. вставай... да отвечай же? — не спишь ли ты?.."

Вы можете вообразить, что он не спал, но молчание его происходило оттого, что сначала он не узнал этот голос, а потом хотя узнал, но оледенелый язык его не повиновался; он тихо приподнялся на ноги, как воскресший Лазарь из гроба, — и вылез из сусека.

— Это ты, хозяйка! — пролепетал он невнятно...

— Я, я! — да не бось... они все уехали; поискали тебя немножко, да и махнули рукой: туда-ста ему и дорога... говорят...

— Хозяйка! — прервал Палицын, — уж светает; послушай: я

придумал, куда мне спрятаться... ты знаешь... отсюда недалеко есть место... говорят, недоброе... да это всё равно; ты знаешь Чертово логовище!..

Хозяйка в ужасе три раза перекрестилась и посмотрела пристально на Палицына.

— Ох! кормилец!.. беда! сатанинское это гнездо...

— Нет другого! — возразил он в отчаянии...

— Оно бы есть! да больно близко твоей деревни... и то правда, барин, ты хорошо придумал... что начала, то кончу; уж мне грех тебя оставить; вот тебе мужицкое платье: скинь-ка свой балахон... — а я тебе дам сына в проводники... он малый глупенек, да зато не болтлив, и уж против материнского слова не пойдет...

Покуда Борис Петрович переодевался в смурый кафтан и обвязывал запачканные онучи вокруг ног своих солдатка подошла к дверям овина, махнула рукой, явился малый лет 17- и глупой наружности, с рыжими волосами, но складом и ростом богатырь... он шел за матерью, которая шептала ему что-то на ухо; почесывая затылок и кивая головой, он зевал беспощадно и только по временам отвечал: "хорошо, мачка". Когда они приблизились к Палицыну, то он уже был готов: — "с богом!" — прошептала им вслед хозяйка... они вышли в поле чрез задние ворота; Борис Петрович боялся говорить, Петруха не умел и не любил; это случайное сходство было очень кстати.

Оставим их на узкой лесной тропинке, пробирающихся к грозному Чертову логовищу, обоих дрожащих как лист: один опасаясь погони, другой боясь духов и привидений... оставим их и посмотрим, куда девался Юрий, покинув своего чадолюбивого родителя.

ГЛАВА XIX

Юрий, выскакав на дорогу, ведущую в село Палицыно, приостановил усталую лошадь и поехал рысью; тысячу предприятий и еще более опасений теснилось в уме его; но спасти Ольгу или по крайней мере погибнуть возле нее было первым чувством, господствующею мыслию его; любовь, сначала очень обыкновенная, даже не заслуживавшая имя страсти, от нечаянного стечения обстоятельств возросла в его груди до необычайности: как в тени огромного дуба прячутся все окружающие его скромные кустарники, так все другие чувства склонялись перед этой новой властью, исчезали в его потоке.

По гладкой, но узкой дороге ехал Юрий, его шпага, ударяясь об бока лошади, неприметно возбуждала ее благородное рвение... По обеим сторонам дороги начинали желтеть молодые нивы; как молодой народ, они волновались от легчайшего дуновения ветра; далее за ними тянулися налево холмы, покрытые кудрявым кустарником, а направо возвышался густой, старый, непроницаемый лес: казалось, мрак черными своими очами выглядывал из-под каждой ветви; казалось, возле каждого дерева стоял рогатый, кривоногий леший... всё молчало кругом; иногда долетал до путника нашего жалобный вой волков, иногда отвратительный крик филина, этого ночного сторожа, этого члена лесной полиции, который, засев в свою будку, гнилое дупло, окликает прохожих лучше всякого часового... — Но вдруг Юрий услышал другие звуки; это был конский топот, который неимоверно быстро приближался; Юрий хотел было своротить с дороги, следуя какому-то инстинкту... но гордость превозмогла; он остановился, вынул из кармана небольшой пистолет, взятый им из дому на всякий случай, осмотрел кремень, взвел курок и приготовился к храброму отпору; скоро он заметил за собою, но еще очень далеко, белеющую пыль, и наконец показался всадник, который мчался к нему во все лопатки.

Подскакав на расстояние 50 шагов, незнакомец начал удерживать ретивого коня.

— Стой! — закричал Юрий, — не приближайся!.. или я размозжу тебе голову. — Кто ты таков?

— Или ты не узнал меня, барин, — отвечал хриплый голос. — Неужели ты хочешь убить верного своего раба?

— Как, это ты, Федосей? — воскликнул удивленный юноша, приближаясь к нему и стараясь различить его черты; но зачем ты здесь? — продолжал он строго... — мне не нужно спутников... я знаю свою дорогу... разве я звал тебя?.. говори...

— Эх, барин! барин!.. ты грешишь! я видел, как ты приезжал... и тотчас сел на лошадь и поскакал за тобой следом, чтоб совесть меня после не укоряла... я всё знаю, батюшка! времена тяжкие... да уж Федосей тебя не оставит; где ты, там и я сложу свою головушку; бог велел мне служить тебе, барин; он меня спросит на том свете: служил ли ты верой и правдой господам своим... а кабы я тебя оставил, что бы мне пришлось отвечать... Много нынче злодеев, дурной стал народ, да я не из них, Юрий Борисович... прикажи только, отец родной, и в воду и в огонь кинусь для тебя... уж таково дело холопское; ты меня поил и кормил до сей поры, теперь пришла моя очередь... сгибну, а господ не выдам.

Юрий был растроган; он ударил его по плечу и сказал:

— Если ты говоришь правду, Федосей, то бог наградит тебя и семью твою... но ты знаешь, что я теперь не имею этой власти...

— Да куда ты едешь, барин... один-одинехонек...

— Федосей, я исполнил долг свой, известил отца об опасности, помог ему скрыться... и еду... — Юрий призадумался и наконец отворотясь молвил отрывисто: — я хочу видеться с Ольгой...

"Вот что! — подумал Федосей, поглаживая усы. — Время

думать об девках, когда петля на шее!" — эй барин! — молвил он, осмелившись; — брось ее!.. что теперь за свиданья... опасно показаться в селе... пожалуй, на грех мастера нет... ох! кабы ты знал, что болтает народ.

— Я хочу ее видеть... возьму ее с собой... и только тогда буду заботиться об опасности... я хочу, я должен ее видеть...

— Плохо! — пробормотал Федосей.

Молча они ехали рядом несколько времени, ни тот, ни другой не умея или не желая возобновить разговора... В такие часы, когда решается судьба наша, мы не тратим лишних слов, потому что дорожим каждым мгновением, потому что все земные страсти кипят в уме и одного взгляда довольно, чтоб заставить понять себя...

— Барин, — воскликнул вдруг Федосей... — посмотри-ка... кажись, наши гумна виднеются... так... так... Остановись-ка, барин... послушай, мне пришло на мысль вот что: ты мне скажи только, где найти Ольгу — я пойду и приведу ее... а ты подожди меня здесь у забора с лошадьми... — сделай милость, барин... не кидайся ты в петлю добровольно — береженого бог бережет... а ведь ей нечего бояться, она не дворянка...

Это предложение поразило Юрия: он почувствовал некоторый стыд: "как! — думал он, — и я для нее побоюсь пожертвовать этой глупой жизнью...", но скоро, с помощью некоторых услужливых софизмов, он успокоил свою гордость, победил стыд неуместный — и, увы! — согласился, слез с коня и махнул рукою Федосею на прощанье.

Я желал бы представить Юрия истинным героем, но что же мне делать, если он был таков же, как вы и я... против правды слов нет; я уж прежде сказал, что только в глазах Ольги он почерпал неистовый пламень, бурные желания, гордую волю, — что вне этого волшебного круга он был человек, как и другой, — просто добрый, умный юноша. Что делать?

95

Когда Федосей исчез за плетнем, окружавшим гумно, то Юрий привязал к сухой ветле усталых коней и прилег на сырую землю; напрасно он думал, что хладный ветер и влажность высокой травы, проникнув в его жилы, охладит кровь, успокоит волнующуюся грудь... все призраки, все невероятности, порождаемые сомнением ожидания, кружились вокруг него в несвязной пляске и невольно завлекали воображение всё далее и далее, как иногда блудящий огонек, обманчивый фонарь какого-нибудь зловредного гения, заводит путника к самому краю пропасти...

Юрий, чтоб оторвать свою мысль от грозных картин будущего, обратил ее на прошедшее — так врачи в отчаянных случаях употребляют отчаянные средства — но всегда ли они удаются?

И перед ним начал развиваться длинный свиток воспоминаний, и он в изумлении подумал: ужели их так много? отчего только теперь они все вдруг, как на праздник, являются ко мне?.. и он начал перебирать их одно по одному, как девушка иногда гадая перебирает листки цветка, и в каждом он находил или упрек или сожаление, и он мог по особенному преимуществу, дающемуся почти всем в минуты сильного беспокойства и страдания, исчислить все чувства, разбросанные, растерянные им на дороге жизни: но увы! эти чувства не принесли плода; одни, как семена притчи, были поклеваны хищными птицами, другие потоптаны странниками, иные упали на камень и сгнили от дождей бесполезно.

Он сначала мысленно видел себя еще ребенком, белокурым, кудрявым, резвым, шаловливым мальчиком, любимцем-баловнем родителей, грозой слуг и особенно служанок; он видел себя невинным воспитанником природы, играющим на коленях няни, трепещущим при слове: бука — он невольно улыбался, думая о том, как недавно прошли эти годы, и как невозвратно они погибли...

Но вот настал возраст первых страстей, первых желаний... его отдают воспитываться к старой и богатой бабке. Анютка, простая дворовая девочка, привлекла его внимание; о, сколько ласк, сколько слов, взглядов, вздохов, обещаний — какие детские надежды, какие детские опасения! Как смешны и страшны, как беспечны и как таинственны были эти первые свидания в темном коридоре, в темной беседке, обсаженной густолиственной рябиной, в березовой роще у грязного ручья, в соломенном шалаше полесовщика!.. о, как сладки были эти первые, сначала непорочные, чистые и под конец преступные поцелуи; как разгорались глаза Анюты, как трепетали ее едва образовавшиеся перси, когда горячая рука Юрия смело обхватывала неперетянутый стан ее, едва прикрытый посконным клетчатым платьем, когда уста его впивались в ее грудь, опаленную солнечным зноем.

Но ему говорят, что пора служить... он спрашивает зачем! ему грозно отвечают, что 15-ти лет его отец был сержантом гвардии; что ему уже 16-ть, итак... итак... заложили бричку, посадили с ним дядьку, дали 20 рублей на дорогу и большое письмо к какому-то правнучетному дядюшке... ударил бич, колокольчик зазвенел... прости воля, и рощи, и поля, прости счастие, прости Анюта!.. садясь в бричку, Юрий встретил ее глаза неподвижные, полные слезами; она из-за дверей долго на него смотрела... он не мог решиться подойти, поцеловать в последний раз ее бледные щечки, он как вихорь промчался мимо нее, вырвал свою руку из холодных рук Анюты, которая мечтала хоть на минуту остановить его... о! какой зверской холодности она приписала мой поступок, как смело она может теперь презирать меня! — думал он тогда... Но что же! он ее увидел 6 лет спустя... увы! она сделалась дюжей толстой бабою, он видел, как она колотила слюнявых ребят, мела избу, бранила пьяного мужа самыми отвратительными речами... очарование разлетелось как дым; настоящее отравило прелесть минувшего, с этих пор он не мог вообразить Анюту, иначе как рядом с этой отвратительной женщиной, он должен был изгладить из своей памяти как умершую эту живую, черноглазую, чернобровую девочку... и принес эту жертву своему самолюбию, почти безо всякого сожаления.

Между тем заботы службы, новые лица, новые мысли победили в сердце Юрия первую любовь, изгладили в его сердце первое впечатление... слава! вот его кумир! — война, вот его наслаждение!.. поход! — в Турцию... о, как он упитает кровью неверных свою острую шпагу, как гордо он станет попирать разрубленные низверженные чалмы поклонников корана!.. как счастлив он будет, когда сам Суворов ударит его по плечу и молвит: молодец! хват... лучше меня! помилуй бог!.. о, Суворов верно ему скажет что-нибудь в этом роде, когда он первый взлетит, сквозь огонь и град пуль турецких, на окровавленный вал и, колеблясь, истекая кровью от глубокой, хотя бездельной раны, водрузит в чуждую землю первое знамя с двуглавым орлом! — о, какие поздравления, какие объятия после битвы...

Но войска перешли через границу русскую, пылают села неверных на берегу Дуная, который, подмывая берега свои, широкой зеленой волной катится через дикие поляны... О, как жадно вдыхал Юрий этот теплый ароматный воздух, как страстно он кидался в шумную стычку, с каким наслаждением погружал свою шпагу во внутренность безобразного турка, который, выворотив глаза, с судорожным движением кусал и грыз холодное железо!.. Но кто эта пленница, которую так бережливо скрывает он в шатре своем от взоров товарищей, любопытных и нескромных? кто она!.. О, это тайна! тайна, которую знает лишь он да бог, если богу есть какое-нибудь дело до сердца человеческого!..

Он нашел ее полуживую, под пылающими угольями разрушенной хижины; неизъяснимая жалость зашевелилась в глубине души его, и он поднял Зару, — и с этих пор она жила в его палатке, незрима и прекрасна как ангел; в ее чертах всё дышало небесной гармонией, ее движения говорили, ее глаза ослепляли волшебным блеском, ее беленькая ножка, исчерченная *лиловыми жилками*, была восхитительна, как фарфоровая игрушка, ее смугловатая твердая грудь воздымалась от малейшего вздоха... страсть блистала во всем: в слезах, в улыбке, в самой неподвижности — судя по ее наружности она не могла быть существом обыкновенным; она была или божество или демон, ее душа была или чиста и ясна как веселый луч солнца, отраженный слезою умиления, или черна как эти очи, как эти волосы, рассыпающиеся подобно водопаду по круглым бархатным плечам... так думал Юрий и предался прекрасной мусульманке, предался и телом и душою, не удостоив будущего ни единым вопросом.

Прошли две недели... и он еще не был утомлен сладострастием, не был пресыщен поцелуями... о друзья мои, это не шутка: две недели!..

Однажды... как живо теперь в его памяти представляется эта грозная ночь!.. Юрий спал на мягком ковре в своей палатке; походная лампада догорала в углу и по временам неверный блеск пробегал по полосатым стенам шатра, освещая серебряную отделку пистолетов и сабель, отбитых у врага и живописно развешанных над ложем юноши; Юрий спал... но вдруг, как ужаленный скорпионом, пробудился; на него были устремлены два черные глаза и светлый кинжал!.. ад и проклятие!.. еще вчера он ненасытно лобзал эти очи, еще вчера за эту маленькую ручку он бы отдал всё свое имущество!.. в одно мгновение вырвал он у Зары смертоносное орудие и кинул далеко от себя; но турчанка не испугалась, не смутилась... она тихо отошла, сложила руки, склонила голову на грудь, готовая принять заслуженную казнь, готовая слушать безмолвно все упреки, все обиды... о, в ней точно кипела южная кровь!..

— Неблагодарная, змея! — воскликнул Юрий, — говори, разве смертью плотят у вас за жизнь? разве на все мои ласки ты не знала другого ответа, как удар кинжала?.. боже, создатель! такая наружность и такая душа! о если все твои ангелы похожи на нее, то какая разница между адом и раем?.. нет! Зара, нет! это не может быть... отвечай смело: я обманулся, это сон! я болен, я безумец... говори: чего ты хочешь?

— Я хочу свободы! — отвечала Зара.

— Свободы!.. а! я тебе наскучил... ты вспомнила о своих минаретах, о своей хижине — но они сгорели... с той поры моя палатка сделалась твоей отчизной... но ты хочешь свободы... ступай, Зара... божий мир велик. Найди себе дом, друзей... ты видишь: и без моей смерти можно получить свободу...

Молча Зара вышла; он долго следовал за нею взором и мечтою; луна озаряла ее длинное покрывало, которое как белый туман обвивалось вокруг ее гибкого стана; она как призрак неслышно скользила по траве... вот скрылась вдали за палаткой, вот мелькнула и снова скрылась... прощай, Зара! прощай, роза Гулистана! прощай навеки!

На другой день рано утром, бледный, с мутным взором, беспокойный, как хищный зверь, рыскал Юрий по лагерю... всё было спокойно, солнце только что начинало разгораться и проникать одежду... вдруг в одном шатре Юрий слышит ропот поцелуев, вздохи, стон любви, смех и снова поцелуи; он прислушивается — он видит щель в разорванном полотне, непреодолимая сила приковала его к этой щели... его взоры погружаются во внутренность подозрительного шатра... боже правый! он узнает свою Зару в объятиях артиллерийского поручика!

Он не был мстителен; не злоба, но глубокая печаль проникла в его душу... он много, много плакал, хотел умереть — и не умер, решился забыть Зару... и, друзья мои! — забыл ее!..

Наконец кончилась война, знамена русские, пошумев над берегами Дуная, свернулись; возвратясь на родину, Юрий решился мстить изменой всем женщинам вместо одной — чрезвычайно покойная и умная выдумка!.. Не одна 30-летняя вдова рыдала у ног его, не одна богатая барыня сыпала золотом, чтоб получить одну его улыбку... в столице, на пышных праздниках, Юрий с злобною радостью старался ссорить своих красавиц, и потом, когда он замечал, что одна из них начинала изнемогать под бременем насмешек, он подходил, склонялся к ней с этой небрежной ловкостью самодовольного юноши, говорил, улыбался... и все ее соперницы бледнели... о, как Юрий забавлялся сею тайной, но убивственной войною! но что ему осталось от всего этого? — воспоминания? — да, но какие? горькие, обманчивые, подобно плодам, растущим на берегах Мертвого моря, которые, блистая румяной корою, таят под нею пепел, сухой горячий пепел! и ныне сердце Юрия всякий раз при мысли об Ольге, как трескучий факел, окропленный водою, с усилием и болью разгоралось; неровно, порывисто оно билось в груди его, как ягненок под ножом жертвоприносителя. Он смутно чувствовал, что это его последняя страсть, узел, который судьба, не умея расплесть, перерубит подобно Александру.

ГЛАВА XX

Федосей, не быв никем замечен, пробрался через гумна и наконец спустился в знакомый нам овражек, перелез через плетень и приблизился к бане; но что же? в эту решительную минуту внезапный туман покрыл его мысли, казалось, незримая рука отталкивала его от низенькой двери, — и вместе с этим он не имел силы удалиться, как боязливая птица, очарованная магнетическим взором змеи! С минуту он оставался неподвижим, но вдруг опомнился, толкнул дверь — и взошел... Но переступая через порог, он оглянулся — и ему показалось, что черная тень мелькнула за рябиновым кустом; он не успел различить ее формы; но тайное предчувствие говорило ему, что или злой дух или злой человек. Когда Федосей, пройдя через сени, вступил в баню, то остановился пораженный смутным сожалением; его дикое и грубое сердце сжалось при виде таких прелестей и такого страдания: на полу сидела, или лучше сказать, лежала Ольга, преклонив голову на нижнюю ступень полка? и поддерживая ее правою рукою; ее небесные очи, полузакрытые длинными шелковыми ресницами, были неподвижны, как очи мертвой, полны этой мрачной и таинственной поэзии, которую так нестройно, так обильно изливают взоры безумных; можно было тотчас заметить, что с давних пор ни одна алмазная слеза не прокатилась под этими атласными веками, окруженными легкой коришневатой тенью: все ее слезы превратились в яд, который неумолимо грыз ее сердце; ржавчина грызет железо, а сердце 18-летней девушки так мягко, так нежно, так чисто, что каждое дыхание досады туманит его как стекло, каждое прикосновение судьбы оставляет на нем глубокие следы, как бедный пешеход оставляет свой след на золотистом дне ручья; ручей — это надежда; покуда она светла и жива, то в несколько мгновений следы изглажены; но если однажды надежда испарилась, вода утекла... то кому нужда до этих ничтожных следов, до этих незримых ран, покрытых одеждою приличий.

Холодна, равнодушна лежала Ольга на сыром полу и даже не пошевелилась, не приподняла взоров, когда взошел Федосей; фонарь с умирающей своей свечою стоял на лавке, и дрожащий луч, прорываясь сквозь грязные зеленые стекла, увеличивал бледность ее лица; бледные губы казались зеленоватыми; полураспущенная коса бросала зеленоватую тень на круглое, гладкое плечо, которое, освободясь из плена, призывало поцелуй; душегрейка, смятая под нею, не прикрывала более высокой, роскошной груди; два мягкие шара, белые и хладные как снег, почти совсем обнаженные, не волновались как прежде: взор мужчины беспрепятственно покоился на них, и ни малейшая краска не пробегала ни по шее, ни по ланитам: женщина, только потеряв надежду, может потерять стыд, это непонятное, врожденное чувство, это невольное сознание женщины в неприкосновенности, в святости своих тайных прелестей.

Спрятав ноги под длинное платье, лежала Ольга, и в недоумении перед нею стоял уполномоченный посланник Юрия; наконец он нетерпеливо дернул ее за рукав:

— Вставай, вставай — время дорого!..

— Ты опять здесь! — простонала она, не приподнимая головы.

— Какой черт! опять!.. да ты меня не узнала, што ли! вставай, время дорого!.. Юрий Борисыч ждет за гумнами... неравно без меня что с <ним> случится...

— О, не называй его! ты хочешь меня обмануть... это какая-нибудь адская западня... о Вадим: дай мне по крайней мере умереть в покое... тебе судьба за меня отплотит!

— Что ты, матушка, бредишь? помилуй! — какой тут Вадим? — я Федосей — чай, меня не забыла... да вставай... барин остался один... а время опасное...

Как пробужденная от сна, вскочила Ольга, не веруя глазам

своим; с минуту пристально вглядывалась в лицо седого ловчего и наконец воскликнула с внезапным восторгом: "так он меня не забыл? так он меня любит? любит! он хочет бежать со мною, далеко, далеко..." — и она прыгала и едва не целовала шершавые руки охотника, — и смеялась и плакала... "нет, — продолжала она, немного успокоившись, — нет! бог не потерпит, чтоб люди нас разлучили, нет, он мой, мой на земле и в могиле, везде мой, я купила его слезами кровавыми, мольбами, тоскою, — он создан для меня, — нет, он не мог забыть свои клятвы, свои ласки..."

— Я этого ничего не знаю, — прервал хладнокровно Федосей, — уж вы там с барином согласитесь, как хотите, купить или не купить, а я знаю только то, что нам пора... если уж не поздно!..

— Но, куда, как?

— Уж это мое дело!.. провал побери! разве не веришь?

— Федосей, если ты обманываешь!

— Оборони боже! что я за бусурман; — да скорее! Юрий Борисович ждет нас за гумнами, на дороге, — чай, глазыньки проглядел!..

— Я готова.

Федосей, подав ей знак молчать, приблизился к двери, отворил ее до половины и высунул голову с намерением осмотреть, всё ли кругом пусто и тихо; довольный своим обзором, он покашляв проворчал что-то про себя и уж готовился совершенно расхлопнуть дверь, как вдруг он охнул, схватил рукой за шею, вытянулся и в судорогах упал на землю; что-то мокрое брызнуло на руки и на грудь Ольги. Она затряслась всем телом, хотела кричать — не могла... Перед нею Федосей плавал в крови своей, грыз землю и скреб ее ногтями; а над ним с топором в руке на самом пороге стоял некто еще ужаснее, чем умирающий: он стоял неподвижно, смотрел на

Ольгу глазами коршуна и указывал пальцем на окровавленную землю: он торжествовал, как Геркулес, победивший змея: улыбка, ядовито-сладкая улыбка набегала на его красные губы: в ней дышала то гордость, то презрение, то сожаленье — да, сожаленье палача, который не из собственной воли, но по повелению высшей власти наносит смертный удар.

— Ты видишь! — сказал наконец Вадим с глухим смехом, — я сдержал свое обещание!.. Это он! не бойся взглянуть на искаженные черты некогда молодого светлого лица; это он! тот самый, чья голова покоилась на груди твоей, кто на губах твоих замирал в упоении, кто за один твой нежный взгляд оставил долг, отца и мать, — для кого и ты бы их покинула, если б имела... это он! бедный, глупый юноша! который так гордился своим дворянским происхождением, который с таким самодовольством носил свой зеленый раззолоченный мундир, который, окруженный лестию, сыпал деньги своим льстецам, не требуя даже благодарности, которому стоило только мигнуть, чтоб женщина кинулась в его объятия — да! что же он теперь!.. окровавленный прах! бездушный чурбан, не чувствующий даже обиды... и Вадим толкнул ногою охладевший труп и продолжал: — Как отвратителен теперь он должен быть... но смотри, Ольга! я не хочу смягчать душу этим зрелищем: посмотри, как хороши его закатившиеся белые глаза... Творец небесный! и кто же всё это сделал? кто превратил прекрасное создание бога в глыбу грязи?.. кто напитал эти кудри багряным напитком? кто разбрызгал по стене этот белый, чистый мозг... кто? — я, я! — ха, ха, ха! ха! презренный нищий, бессильный раб, безобразный горбач!.. да, да! — неужели это так удивительно?.. Я говорил тебе, Ольга: не люби его!.. ты не послушалась, ты, как обыкновенная женщина, прельстилась на золото, красоту и пышные обещания... ты мне не поверила: он обещал тебе счастие — мечту — а я обещал: месть и верную месть; ты выбрала первое; ты смела помыслить, что люди могут противиться судьбе; будто бы я уж так давно отвергнут богом, что он захочет мне отказать в первом, последнем, единственном удовольствии!.. Я твой брат, Ольга, брат! господин, повелитель, царь твой. Нас только двое на свете из всего семейства; мой путь должен быть твоим; напрасно ты мечтала разорвать слабой рукой то, что связала природа: где бушует моя ненависть, там не цвести любви твоей... — Он на минуту замолк, его волосы стояли дыбом, глаза разгорались как уголья, и рука, простертая к Ольге, дрожала на воздухе; он поставил ногу на грудь мертвецу так крепко, что слышно было, как захрустели кости, и, приняв торжественный вид жреца, произнес: — Свершилось первое мое желание! он пал; вот он — убийца моих надежд, вот он, губитель моего первого блаженства; ненавижу тебя, и в могиле, и берегись, если мы когда-нибудь встретимся на том свете! а ты, Ольга — ты, ступай, куда хочешь; между нами все счеты кончены; я тебе заплатил — живи, умри — мне всё равно. Прощай, сестра — прощай и ты, бедный юноша!

И Вадим, пожав плечами, приподнял голову мертвеца за волосы, обернул ее к фонарю — взглянул на позеленевшее лицо — вздрогнул — взглянул еще ближе и пристальней — вдруг закричал, — и отскочил как бешеный; голова, выпущенная из рук, ударилась о землю, как камень; это было мгновение — но в сем мгновении заключалась целая ужасная драма. Вадим, обманутый в последней надежде, потерялся; он не мог держаться на ногах, бледный, страшный, он присел на скамью — и как вы думаете, что он делал? плакал!.. — да, плакал, как ребенок, горькими слезами!

Он сидел и рыдал, не обращая внимания ни на сестру, ни на мертвого: бог один знает, что тогда происходило в груди горбача, потому что, закрыв лицо руками, он не произнес ни одного слова более... он, казалось, понял, что теперь боролся уже не с людьми, но с провидением, и смутно предчувствовал, что если даже останется победителем, то слишком дорого купит победу: но непоколебимая железная воля составляла всё существо его, она не знала ни преград, ни остановок, стремясь к своей цели. Так неугомонная волна день и ночь без устали хлещет и лижет гранитный берег: то старается вспрыгнуть на него, то снизу подмыть и опрокинуть; долго она трудится напрасно, каждый раз отброшена в дальнее море... но ничто ее не может успокоить: и вот проходят годы, и подмытая скала срывается с берега и с гулом погружается в бездну, и радостные волны пляшут и шумят над ее могилой.

И в самом деле, что может противустоять твердой воле человека? — воля — заключает в себе всю душу; хотеть — значит ненавидеть, любить, сожалеть, радоваться, — жить, одним словом; воля есть нравственная сила каждого существа, свободное стремление к созданию или разрушению чего-нибудь, отпечаток божества, творческая власть, которая из ничего созидает чудеса... о, если б волю можно было разложить на цифры и выразить в углах и градусах, как всемогущи и всезнающи были бы мы!..

Не знаю, сколько часов сидел в забытьи Вадим, но когда он поднял голову, то не нашел возле себя сестры; свежий ветер утра, прорываясь в дверь, шевелил платьем убитого, и по временам казалось, что он потрясал головой, так высоко взвевались рыжие волосы на челе его, увлажненном густой, полузапекшейся кровью. Вадим холодно взглянул на Федосея, покачал головой с сожалением, перешагнул через протянутые ноги и пошел скорыми шагами вдоль по оврагу. Восток белел приметно, и розовый блеск змеей обрисовывал нижние части большого серого облака, который, имея вид коршуна с растянутыми крылами, держащего змею в когтях своих, покрывал всю восточную часть небосклона; фантастически отделялись предметы на дальнем небосклоне, и высокие сосны и березы окрестных лесов чернели, как часовые на рубеже земли; природа была тиха и торжественна, и холмы начинали озаряться сквозь белый туман, как иногда озаряется лицо невесты сквозь брачное покрывало, всё было свято и чисто — а в груди Вадима какая буря!

ГЛАВА XXI

Было около 2-х часов пополудни; солнце медленно катилось по жарким небесам, и гибкие верхи дерев едва колебались, перешептываясь друг с другом; в густом лесу изредка попевали странствующие птицы, изредка вещая кукушка повторяла свой унылый напев, мерный, как бой часов в сырой готической зале. На мураве, под огромным дубом, окруженные часто сплетенным кустарником, сидели два человека: мужчина и женщина; их руки были исцарапаны колючими ветвями и платья изорваны в долгом странствии сквозь чащу; усталость и печаль изображались на их лицах, молодых, прекрасных.

Молодая женщина, скинув обувь, измокшую от росы, обтирала концом большого платка розовую, маленькую ножку, едва разрисованную лиловыми тонкими жилками, украшенную нежными прозрачными ноготками; она по временам поднимала голову, отряхнув волосы, ниспадающие на лицо, и улыбалась своему спутнику, который, облокотясь на руку, кидал рассеянные взгляды, то на нее, то на небо, то в чащу леса; по временам он наморщивал брови, когда мрачная мысль прокрадывалась в уме его, по временам неожиданная влажность покрывала его голубые глаза, и если в это время они встречали радужную улыбку подруги, то быстро опускались, как будто бы пораженные ярким лучом солнца.

— Ты задумчив! — сказала она. — Но отчего? — опасность прошла; я с тобою... Ничто не противится нашей любви... Небо ясно, бог милостив... зачем грустить, Юрий!.. это правда, мы скитаемся в лесу как дикие звери, но зато, как они, свободны. Пустыня будет нашим отечеством, Юрий, — а лесные птицы нашими наставниками: посмотри, как они счастливы в своих открытых, тесных гнездах...

— Да, — отвечал Юрий... — счастливы!.. и я возле тебя счастлив!.. но твои шутки иногда для меня мучительны!..

108

— Разве лучше, если я буду плакать!..

— Ольга, ты мой ангел утешитель!.. о, если б ты знала, какие грозные предчувствия теснятся в душе моей!.. и как было не отгадать, что это случится, когда самые ужасные слухи так нагло разливались в народе?.. Отчего они тогда казались нам невероятны?.. а теперь! — русские дворяне гибнут и скрываются в лесах от простого казака, подлого самозванца, и толпы кровожадных разбойников!.. все, которые доселе готовы были целовать наши подошвы, теперь поднялись на нас.. о змеи! змеи! если б я знал, я бы раздавил вас... и вдруг, в одну ночь всё погибло... мать... отец... имущество, — родная кровля... всё отнято... здесь ждет голод, холод, жизнь нищего — а там виселица, пытки, позор... боже! что мы сделали? — о, казни меня сам, но зачем поручить орудье казни этой грязной подлой толпе рабов?..

— Юрий, успокойся... видишь, я равнодушно смотрю на потерю всего, кроме твоей нежности... я видела кровь, видела ужасные вещи, слышала слова, которых бы ангелы испугались... но на груди твоей всё забыто: когда мы переплывали реку на коне и ты держал меня в своих объятиях так крепко, так страстно, я не позавидовала бы ни царице, ни райскому херувиму... я не чувствовала усталости, следуя за тобой сквозь колючий кустарник, перелезая поминутно через опрокинутые рогатые пни... это правда, у меня нет ни отца, ни матери... — При сих словах, произнесенных без умысла, она побледнела и замолкла, как будто сама испугалась их... Юрий обхватил ее мягкий стан, приклонил к себе и поцеловал ее в шею: девственные груди облились румянцем и заволновались, стараясь вырваться из-под упрямой одежды... о, сколько сладострастия дышало в ее полураскрытых пурпуровых устах! он жадно прилепился к ним, лихорадочная дрожь пробежала по его телу, томный вздох вырвался из груди...

— Ты права! — говорил он, — чего мне желать теперь? — пускай придут убийцы... я был счастлив!.. чего же более для меня? — я видал смерть близко на ратном поле, и не боялся... и теперь не испугаюсь: я мужчина, я тверд душой и телом, и до конца не потеряю надежды спастись вместе с тобою... но если надобно умереть, я умру, не вздрогнув, не простонав... клянусь, никто под небесами не скажет, что твой друг склонил колена перед низкими палачами!..

В таких разговорах пролетел час: они встали и пошли на восток, углубляясь в лес более и более... вот подошли к оврагу, и Юрий заметил изломанные ветви и следы человека на сухих и гнилых листьях, коими усеяна была земля:

— Пойдем по этому следу, Ольга, — сказал он, подумав немного: — он приведет нас куда-нибудь; быть может, к месту спасения. Чего бояться! пойдем... умереть с голоду хуже, а если бог сохранил нас доселе, то это значит, что он хочет быть нашим спасителем и далее... перекрестись, и пойдем.

Несколько времени они шли, прилежно разбирая следы, местами засыпанные свежими листьями и забросанные сухим валежником; наконец, после долгих и утомительных разысканий, они выбрались на небольшую поляну, на которой между несколькими деревами возвышались три нам уже знакомые кургана...

— Что это значит, — воскликнул Юрий, заметив чернеющиеся выходы пещер.

— Постой, постой, Юрий... так точно... благодари провидение — мы спасены...

— Но что такое? — я не понимаю тебя!

— Я слышала много рассказов про эти пещеры, Юрий. Под этими курганами таятся глубокие подземные ходы, куда только самые смелые охотники прокрадывались... но нам чего бояться!.. это место безопаснее самого крепкого терема.

В самом деле, — отвечал Юрий, осматривая место, — если все

эти рассказы справедливы, то мы спасены; остается только знать, не прячется ли в них дикий медведь... или другой негостеприимный пустынник.

Подойдя к одному из отверстий Чертова логовища, Юрию показалось, что слышит запах дыма, он всунул туда голову; точно! но что это значит? уж не занята ли их квартира? Он сообщил свое замечание Ольге: она испугалась; схватила его за руку и, как будто в этой пещере скрывалось грозное чудовище, с трепетом воскликнула: "пойдем — отсюда — пойдем... не медли ни минуты..."

— Идти... но куда же? — ты забыла, что у нас, кроме синего неба и темного леса, нет ни кровли, ни пристанища... и чего бояться... это явно, что в пещере есть жители... кто они таковы?.. что нам за дело... если они разбойники, то им нечего с нас взять, если изгнанники, подобно нам — то еще менее причин к боязни... К тому же в теперешние времена злодеи и убийцы не боятся смотреть на красное солнце, не стыдятся показывать свои лица в народе...

— Но я боюсь, Юрий, твои убеждения ничтожны, я боюсь, — и она, как пугливое дитя, уцепилась за его руку и, устремив на него умоляющий взгляд, то улыбалась, то готова была заплакать.

— Ты ребенок! стыдись...

— Я не знаю ни стыда, ничего... ради любви моей, не ходи в пещеру — пойдем далее... это западня... как там темно, как страшно...

— Послушай... если мы пойдем далее, то, не зная окрестностей, забредем бог знает куда и попадемся в руки казаков: тогда я неизбежно погиб — разве ты хочешь моей смерти!..

— Юрий... и ты смеешь делать такие вопросы!..

— Итак, пусти меня... или лучше пойдем вместе в это подземелье, и пусть будет, что суждено!..

С сими словами, вынув шпагу, он на коленах вполз в одно из отверстий, держа перед собою смертоносное оружие, и, ощупью подвигаясь вперед, дошел до того места, где можно было идти прямо; сырой воздух могилы проник в его члены, отдаленный ропот начал поражать его слух, постепенно увеличиваясь; порою дым валил ему навстречу, и вскоре перед собою, хотя в отдалении, он различил слабый свет огня, который то вспыхивал, то замирал.

Сердце его забилось ожиданием; он начал подвигаться тише, стараясь произнесть как можно менее шуму и готовясь к отчаянному сопротивлению в случае неожиданного нападения хозяев этого мрачного жилища; даже если бы то были существа бесплотные, духи зла и обмана!..

Когда Юрий взошел в круглую залу, неровно освещенную трескучим огоньком, разложенным у подошвы четвероугольного столба, то сначала он ничего не мог различить; пожирая несколько сухих смолистых ветвей, огонь ярко вспыхивал, бросая красные искры вокруг себя; и дым слоями расстилался по всему подземелью; Юрий остановился на минуту, чтоб хорошенько осмотреться, и когда глаза его привыкли немного к этой смрадной и туманной атмосфере, то он заметил в одной из впадин стены что-то похожее на лицо человека, который, прижавшись к земле, казалось, не обращал на него внимания; Юрий решился подойти поближе и, приготовившись к защите, закричал громовым голосом:

— Кто здесь?.. вставай! что ты за человек?.. друг или недруг!.. отвечай сию минуту или будет худо!..

Неизвестный приподнялся, вздрогнул, потер глаза и, схватив огромную дубину, лежавшую у ног его, размахнулся, не отвечая ни слова; окруженный дымом, который, как известно, имеет свойство увеличивать предметы, и озаренный неровным светом огня, житель пещеры казался, вероятно, несравненно страшнее и огромнее, нежели был в самом деле.

Юрий, видя неравенство борьбы и не надеясь отразить удар дубины тонкой стальною шпагой, отскочил проворно назад. Дубина упала на огонь: красные уголья и дымные головешки с треском полетели во все стороны.

— Остановись, — сказал Юрий, — или я тебя пронжу насквозь.

Незнакомец, как будто пораженный его голосом, остановился, начал всматриваться и произнес довольно невнятно: "кто ты?"

В эту минуту яркий луч догорающего огня озарил лицо Юрия: незнакомец, не дождавшись ответа, кинулся к нему и заревел хриплым голосом: "сын мой, сын мой!.."

Они упали друг другу в объятия; они плакали от радости и от горя; и волчица прыгает и воет и мотает пушистым хвостом, когда найдет потерянного волченка; а Борис Петрович был человек, как вам это известно, то есть животное, которое ничем не хуже волка; по крайней мере так утверждают натуралисты и философы.. а эти господа знают природу человека столь же твердо, как мы, грешные, наши утренние и вечерние молитвы; — сравнение чрезвычайно справедливое!..

Между тем отец и сын со слезами обнимали, целовали друг друга и не замечали, что недалеко от них стояло существо, им совершенно чуждое, существо забытое, но прекрасное, нежное, женщина с огненной душой, с душой чистой и светлой как алмаз; не замечали они, что каждая их ласка или слеза были для нее убивственней, чем яд и кинжал; она также плакала, — но одна, — одна — как плачет изгнанный херувим, взирая на блаженство своих братьев сквозь решетку райской двери.

Когда Борис Петрович рассказал сыну, каким образом с помощью бедной и гостеприимной солдатки он был отведен в это уединенное убежище, то прибавил:

— Я решился здесь оставаться, пока всё не утихнет, войска разобьют бунтовщиков в пух и в прах, это необходимо... но что можем мы сделать вдвоем, без оружия, без друзей.. окруженные рабами, которые рады отдать всё, чтоб посмотреть, как труп их прежнего господина мотается на виселице.. ад и проклятие! кто бы ожидал!..

— Помилуйте, батюшка! невозможно, что до вас не доходили слухи, разлитые так изобильно в нашем глупом народе!

— Слухи! слухи! а кто им верил? напасть божия на нас грешных, да и только!.. Живи теперь, как красный зверь в зимней берлоге, и не смей носа высунуть... сиди, не пей, не ешь, пока чужой мальчишка, очень ненадежный, не принесет тебе куска хлеба... вот он сказал, что будет сегодня поутру, а всё нет, как нет!.. чай, солнце уж закатилось, Юрий?.. а, Юрий?

Юрий не слыхал, не слушал; он держал белую руку Ольги в руках своих, поцелуями осушал слезы, висящие на ее ресницах... но напрасно он старался ее успокоить, обнадежить: она отвернулась от него, не отвечала, не шевелилась; как восковая кукла, неподвижно прислонившись к стене, она старалась вдохнуть в себя ее холодную влажность; отчего это с нею сделалось?.. как объяснить сердце молодой девушки: миллион чувствований теснится, кипит в ее душе; и нередко лицо и глаза отражают их, как зеркало отражает буквы письма — наоборот!..

— Здравствуй, Оленька, — сказал Борис Петрович, подойдя к ним... — ты в пору зачванилась, не поклонилась мне, не поздоровалась... правда, я теперь, как ты сама, без крова, без имущества.

— Разве я тогда была с вами ласковее, — отвечала она отрывисто.

— А разве нет? — ох! много воды утекло с тех пор, как мы с тобой в последний раз поцеловались... ты переменилась, побледнела... а всё еще красавица, хоть куда!

Он слегка ударил ее по плечу и хотел взять за подбородок, но

114

Юрий, покраснев, схватил его за руку... опомнясь в ту же минуту, он тихо отвел руку отца и, отойдя с ним немного в сторону, сказал глухим, но внятным голосом:

— Если хотите быть моим отцом, иметь во мне покорного сына, то вообразите себе, что эта девушка такая неприкосновенная святыня, на которой самое ваше дыхание оставит вечные пятна. Вы меня поняли... простите меня: моя кровь кипит при одной мысли — я не меряю слова на аршин приличий... вы согласились на мое предложение? в противном случае... всё, всё забыто! уважение имеет границы, а любовь — никаких!

ГЛАВА XXII

Что же делал Вадим? о, Вадим не любил праздности! С восходом солнца он отправился искать сестру, на барском дворе, в деревне, в саду — везде, где только мог предположить, что она проходила или спряталась, — неудача за неудачей!.. досадуя на себя, он задумчиво пошел по дороге, ведущей в лес мимо крестьянских гумен; поравнявшись с ними и случайно подняв глаза, он видит буланую лошадь, в шлее и хомуте, привязанную к забору; он приближается... и замечает, что трава измята у подошвы забора! и вдруг взор его упал на что-то пестрое, похожее на кушак, повисший между цепких репейников... точно! это кушак!.. точно! он узнал, узнал! это цветной шелковый кушак его Ольги! Какой внезапный луч истины озарил ум печального горбача! она бежала: это ясно — но с кем? — с кем!.. разве нужно спрашивать... о, при одной мысли об нем, при одном имени Юрия, вся кровь Вадима превращается в желчь! "Нечего делать! — думал горбач, скрежеща зубами, — тебе удалось меня поддеть, ты из рук моих вырвал добычу, ты посмеялся над уродливым нищим, дерзкий безумец — но будет и на нашей улице... праздник!.." Он вскочил на лошадь и ударами принудил измученного коня скакать по дороге в селение... в его голове уже развились новые планы, новые замыслы гибели и разрушения.

На широкой и единственной улице деревни толпился народ в праздничных кафтанах, с буйными криками веселья и злобы, вокруг 30 казаков, которые, держа коней в поводу, гордо принимали подарки мужиков и тянули ковшами густую брагу, передавая друг другу ведро, в которое староста по временам подливал хмельного напитка. Девки и молодки в красных и синих кумачных сарафанах, по четыре и более, держа друг друга за руки, ходили взад и вперед по улице, ухмыляясь и запевая веселые песни; а молодые парни, следуя за ними, перешептывались и порою громко отпускали лихие шутки на счет дородности и румянца красавиц. Вино и брага приметно распоряжали их словами и мыслями; они приметно позволяли себе больше вольностей, чем обыкновенно, и женщины были приметно снисходительней; но оставим буйную молодежь и послушаем, об чем говорили воинственные пришельцы с седобородыми старшинами? — отгадать не трудно!.. они требовали выдачи господ; а крестьяне утверждали и клялись, что господа скрылись, бежали; увы! к несчастию, казаки были об них слишком хорошего мнения! они не хотели даже слышать этого, и урядник уже поднимал свою толстую плеть над головою старосты, и его товарищи уж произносили слово пытка; между тем некоторые из них отправились на барский двор и вскоре возвратились, таща приказчика на аркане. Урядник, по прозванию Орленко, мужчина в полном значении сего слова, высокий, крепкий сложением, усастый, с черною бородкой и румяными щеками, кинул презрительный взгляд на бледного приказчика, который, произнося несвязные слова и возгласы, стоял перед ним на коленях, с руками, связанными на спине; конец веревки был в руке одного маленького рябого казака, который, злобно улыбаясь, поминутно ее подергивал.

— Что это за птица, Грицко? — сказал урядник маленькому казаку, — что это за кликуша?.. отчего ревет как вол?.. уж не он ли здешний господин?..

— А бис его знает! — отвечал Грицко. — Говорит, шчо приказчик... ведь от этих москалей без плетки толку не добьешься... я его нашел под лавкой в кухне и насилу выкурил оттуда головешкой!..

Улыбка показалась на устах урядника, когда он заметил опаленные волосы и брови несчастного пленника, который, не спуская с него глаз и перестав кричать, казалось, старался на лице казака прочесть свой приговор.

— Так ты приказчик? — спросил Орленка, обратясь к нему грозно.

Несчастный задрожал, хотел что-то вымолвить и заикнулся.

— Что ж ты молчишь, собачий сын! — я тебе этим кинжалом расцеплю зубы!..

— Виноват! я приказчик!..

— А! так ты виноват! — сказал Орленко, наморщив брови и желая над ним позабавиться, — в чем же ты виноват? сейчас признавайся... а не то, видишь! — он пальцем указал на свои пистолеты!..

— Батюшка!.. нет, я ни в чем не виноват! ваше ж благородие! помилуй!

— Ты у меня запираться!..

— Виноват! — опять заревел приказчик... — сжальтесь! Я от страху не знаю, что говорю... я приказчик... если б я знал, где господа, так я бы сам их выдал нашему батюшке!.. я бы сам полюбовался на их виселицу... я бы сам их сжег на костре, сам бы своими руками с них кожу содрал с живых!..

— Будто бы! — точно ли?..

— Да убей меня бог! если я бы хоть один волосок за них отдал, злодеев!..

— Ну, а скажи-ка! отчего у тебя борода обрита?..

— Борода! — да так... а что, родимый?..

— Эй, ребята! — я замечаю, что это плут большой руки!..

— Ваше превосходительство! — сказал приказчик, привстав с большею уверенностью, — извольте спросить у всех мирян, любил ли я господ своих...

— Эй, вы! правду ли он говорит?..

Мужики переминались, почесывали затылок, кашляли.

118

— Видишь, молчат! — сказал насмешливо Орленко... — да я подозреваю... уж не сам ли ты Палицын!.. борода-то мне подозрительна!.. эй, мужички!.. как вы думаете! ха, ха, ха!

Увы, народ молчал.

Приказчик бросил отчаянный взгляд кругом — то, не встретив нигде сожаления, прикусил губу и, не зная, что делать, закричал: "ах вы нехристи, бусурманы... что вы молчите, разве я не приказчик, Матвей Соколов; разве в первый раз вы меня видите... что это вы морочите честных людей. Ах вы каналии — разве забыли, как я вас порол... или еще хочется?"

Лукавые мужики покашливали; наконец один из них, покачав головой, молвил: "пороть-то ты нас, брат, порол... грешно сказать, лучшего мы от тебя ничего не видали... да теперь-то ты нас этим, любезный, не настращаешь!.. всему свое время, выше лба уши не растут... а теперь, не хочешь ли теперь на себе примерить!.."

— Что же! ты его признаешь за барина своего? — спросил Орленко...

— Барин-то он не совсем барин, — сказал мужик, — да яблоко от яблони не далеко падает; куды поп, туда и попова собака...

— Что ж я буду с ним делать?..

— А что хочешь, кормилец! нам всё равно!.. как присудишь!.. — заговорило несколько голосов.

Приказчик упал в ноги уряднику и заревел: "смилуйся, отец родной, золотой ты мой, серебряный, что я тебе сделал... неужто наш батюшка велит губить верных слуг своих".

— А на что ему таких трусов, таких баб, как ты! — вашей братьею только улицы мостить. — Эй, мужички, возьмите его себе... я вам его дарю на живот и на смерть! делайте из него, что хотите...

В одно мгновение мужики его окружили с шумом и проклятьями; слова смерть, виселица отделяли<сь> по временам от общего говора, как в бурю отделяются удары грома от шума листьев и визга пронзительных ветров; все глаза налились кровью, все кулаки сжались... все сердца забились одним желанием мести; сколько обид припомнил каждый! сколько способов придумал каждый заплатить за них сторицею.

Вдруг толпа раздалась, расхлынулась, как некогда море, тронутое жезлом Моисея... и человек уродливой наружности, небольшого роста, запыленный, весь в поту, с изорванными одеждами, явился перед казаками... Когда урядник его увидал, то снял шапку и поклонился, как старому знакомому, но Вадим, ибо это был он, не заметив его, обратился к мужикам и сказал: "отойдите подальше, мне надо поговорить о важном деле с этими молодцами"... мужики посмотрели друг на друга и, не заметив ни на чьем лице желания противиться этому неожиданному приказу и побежденные решительным видом страшного горбача, отодвинулись, разошлись и в нескольких шагах собрались снова в кучку.

Тогда Вадим обернулся к уряднику:

— Здравствуй, Орленко, — сказал он отрывисто... — зверя я соследил, а поймать ваше дело...

— Уж ты молодец, Красная шапка... знаем мы тебя.. — с этими словами Орленко ударил его по плечу...

Едва приметная тень неудовольствия пробежала по лицу Вадима, но обиженная гордость повиновалась необходимости... как быть! этим ли еще одним он пожертвовал для своей грозной цели?..

— Если хотите, я вас наведу на след Палицына: пожива будет, за это отвечаю, — только с условием... и черт даром не трудится...

— Только укажи след, — сказал улыбаясь Орленко, — а уж за наградой дело не станет; сколько бы денег на нем ни нашли, — вот тебе крест, — десятую долю тебе!..

— Денег!.. нет, я не хочу денег...

— Чего ж ты хочешь... крови?..

— Да, крови! — с диким хохотом отвечал горбач.

— Что ж, и за этим дело не станет...

— О, я вас знаю! вы сами захотите потешиться его смертью... а что мне толку в этом! что я буду? стоять и смотреть!.. нет, отдайте мне его тело и душу, чтоб я мог в один час двадцать раз их разлучить и соединить снова; чтоб я насытился его мученьями, один, слышите ли, один, чтоб ничье сердце, ничьи глаза не разделяли со мною этого блаженства... о, я не дурак... я вам не игрушка... слышите ли...

Некоторые казаки были поражены его ужасными словами и мрачным выражением этого лица, на котором так недавно стали отражаться его чувства во всей полноте своей!.. другие, перемигиваясь, смеялись над странными его телодвижениями.

— Ах ты урод, — сказал урядник, — ну кто бы ожидал от тебя такую прыть! ха! ха! ха!

Вадим побледнел, бросил на казака тот взгляд, который был его главным оружием; топнул ногою, заскрежетал, отвернулся, чтоб не могли прочитать его бешенства в багровых ланитах. Все смотрели на него с изумлением.

— Коня! — закричал он вдруг, будто пробудившись от сна. — Дайте мне коня... я вас проведу, ребята, мы потешимся вместе... вам вся честь и слава, — мне же... — он вскочил на коня, предложенного ему одним из казаков, и, махнув рукою прочим, пустился рысью по дороге; мигом вся ватага повскакала на коней, раздался топот, пыль взвилась, и след простыл...

С отчаянием в груди смотрел связанный приказчик на удаляющуюся толпу казаков, умоляя взглядом неумолимых палачей своих; с дреколием теснились они около несчастной жертвы и холодно рассуждали о том, повесить его, или засечь, или уморить с голоду в холодном анбаре; последнее средство показалось самым удобным, и его с торжеством, хохотом и песнями отвели к пустому анбару, выстроенному на самом краю оврага, втолкнули в узкую дверь и заперли на замок. Потом народ рассыпался частью по избам, частью по улице; все сии происшествия заняли гораздо более времени, нежели нам нужно было, чтоб описать их, и уж солнце начинало приближаться к западу, когда волнение в деревне утихло; девки и бабы собрались на завалинках и запели праздничные песни!.. вскоре стада с топотом, пылью и блеянием, возвраща<сь> с паствы, рассыпались по улице, и ребятишки с обычным криком стали гоняться за отсталыми овцами... и никто бы не отгадал, что час или два тому назад, на этом самом месте, произнесен смертный приговор целому дворянскому семейству!..

ГЛАВА XXIII

Вадим ехал перед казаками по дороге, ведущей в ту небольшую деревеньку, где накануне ночевал Борис Петрович. Он безмолвствовал; он мечтал о сестре, о родной кровле... он прощался с этими мечтами — навеки!

Казалось, его задумчивость как облако тяготела над веселыми казаками: они также молчали; иногда вырывалось шутливое замечание, за ним появлялись три-четыре улыбки — и только! вдруг один из казаков закричал: "стой, братцы! — кто это нам едет навстречу? слышите топот... видите пыль, там за изволоком!.. уж не наши ли это из села Красного?.. то-то, я думаю, была пожива, — не то, что мы, — чай, пальчики у них облизать, так сыт будешь... Э! да посмотрите.. ведь точно видно они!.. ах разбойники, черти их душу возьми... Эк сколько телег за собой везут, целый обоз!.."

И точно, толпа, надвигающаяся к ним навстречу, более походила на караван, нежели на отряд вольных жителей Урала. Впереди ехало человек 50 казаков, предводительствуемых одним старым, седым наездником, на серой борзой лошади. За ними шло человек десять мужиков с связанными назад руками, с поникшими головами, без шапок, в одних рубашках; потом следовало несколько телег, нагруженных поклажею, вином, вещами, деньгами, и, наконец, две кибитки, покрытые рогожей, так что нельзя было, не приподняв оную, рассмотреть, что в них находилось; несколько верховых казаков окружало сии кибитки; когда Орленко с своими казаками приблизился к ним сажен на 50, то, велев спутникам остановиться и подождать, приударил коня нагайкой и подскакал к каравану. "Здравствуй! молодец, — сказал ему седой наездник с приветливой улыбкой, — откуда и куда путь держишь? — А мы из села Красного, разбивали панский двор.. и везем этих собак к Белбородке!.. он им совьет пеньковое ожерелье, не будут в другой раз бунтовать..."

— Я отгадал, старый, что ты, верно, в Красном пировал... да, кажется, и теперь не с пустыми руками!..

— Да, нельзя пожаловаться на судьбу!.. бочки три вина везем к Белбородке!..

— К Белбородке!.. всё ему! а зачем!.. у него и без нас много! эх, молодцы, кабы вместо того, чем везти туда, мы его роспили за здравье родной земли!.. что бы вам моих казачков не попотчевать? у них горло засохло как Уральская степь... ведь мы с утра только по чарке браги выпили, а теперь едем искать Палицына, и бог знает, когда с вами опять увидимся...

Старый обратился к своим и молвил: "эй! ребята! как вы думаете? ведь нам до вечера не добраться к месту!.. аль сделать привал... своих обделять не надо... мы попируем, отдохнем, а там, что будет, то будет: утро вечера мудренее!.."

— Стой, — раздалось по всему каравану.

Стой! — скрыпучие колесы замолкли, пыль улеглась; казаки Орленки смешались с своими земляками и, окружив телеги, с завистью слушали рассказы последних про богатые добычи и про упрямых господ села Красного, которые осмелились оружием защищать свою собственность; между тем некоторые отправились к роще, возле которой пробегал небольшой ручей, чтоб выбрать место, удобное для привала; вслед за ними скоро тронулись туда телеги и кибитки, и, наконец, остальные казаки, ведя в поводу лошадей своих...

Когда Вадим заметил, что его помощники вовсе не расположены следовать за ним без отдыха для отыскания неверной добычи, особенно имея перед глазами две миловидные бочки вина, то, подъехав к Орленке, он взял его за руку и молвил: "итак, сегодня нет надежды!"

— Да, брат.. навряд, да признаюсь; мне самому надоело гоняться за этими крысами!.. сколько уж я их перевешал, право, и счет потерял; скорее сочту волосы в хвосте моего коня!..

Вадим круто повернул в сторону, отъехал прочь, слез, привязал коня к толстой березе и сел на землю; прислонясь к березе, сложа руки на груди, он смотрел на приготовления казаков, на их беззаботную веселость; вдруг его взор упал на одну из кибиток: рогожа была откинута, и он увидел... о, если б вы знали, что он увидал? Во-первых, из нее показалась седая, лысая, желтая, исчерченная морщинами, угрюмая голова старика, лет 60 или более; его взгляд был мрачен, но благороден, исполнен этой холодной гордости, которая иногда родится с нами, но чаще дается воспитанием, образуется от продолжительной привычки повелевать себе подобными. Одежда старика была изорвана и местами запятнана кровью — да, кровью... потому что он не хотел молча отдать наследие своих предков пошлым разбойникам, не хотел видеть бесчестие детей своих, не подняв меча за право собственности... но рок изменил!.. он уже перешагнул две ступени к гибели: сопротивление, плен, — теперь осталась третья — виселица!..

И Вадим пристально, с участием всматривался в эти черты, отлитые в какую-то особенную форму величия и благородства, исчерченные когтями времени и страданий, старинных страданий, слившихся с его жизнью, как сливаются две однородные жидкости; но последние, самые жестокие удары судьбы не оставили никакого следа на челе старика; его большие серые глаза, осененные тяжелыми веками, медленно, строго пробегали картину, развернутую перед ними случайно; ни близость смерти, ни досада, ни ненависть, ничто не могло, казалось, отуманить этого спокойного, всепроникающего взгляда; но вот он обратил их в внутренность кибитки, — и что же, две крупные слезы засверкав невольно выбежали на седые ресницы и чуть-чуть не упали на поднявшуюся грудь его; Вадим стал всматриваться с большим вниманием.

Вот показалась из-за рогожи другая голова, женская, розовая, фантастическая головка, достойная кисти Рафаэля, с детской полусонной, полупечальной, полурадостной, невыразимой улыбкой на устах; она прилегла на плечо старика так беспечно и доверчиво, как ложится капля росы небесной на листок, иссушенный полднем, измятый грозою и стопами прохожего, и с первого взгляда можно было отгадать, что это отец и дочь, ибо в их взаимных ласках дышала одна печаль близкой разлуки, без малейших оттенок страсти, святая печаль, попечительное сожаление отца, опасения балованной, любимой дочери.

Тяжко было Вадиму смотреть на них, он вскочил и пошел к другой кибитке: она была совершенно раскрыта, и в ней были две девушки, две старшие дочери несчастного боярина. Первая сидела и поддерживала голову сестры, которая лежала у ней на коленах; их волосы были растрепаны, перси обнажены, одежды изорваны.. толпа веселых казаков осыпала их обидными похвалами, обидными насмешками... они, однако, не смели подойти к старику: его строгий, пронзительный взор поражал их дикие сердца непонятным страхом.

Между тем казаки разложили у берега речки несколько ярких огней и расположились вокруг; прикатили первую бочку, — началась пирушка... Сначала веселый говор пробежал по толпе, смех, песни, шутки, рассказы, всё сливалось в одну нестройную, неполную музыку, но скоро шум начал возрастать, возрастать, как грозное крещендо оркестра; хор сделался согласнее, сильнее, выразительнее; о, какие песни, какие речи, какие взоры, лица, телодвижения, буйные, вольные! Какие разноцветные группы! яркое пламя костров, согласно с догорающим западом, озаряло картину пира, когда Вадим решился подойти к ним, замешаться в их веселие.

— За здравие пана Белбородки! — говорил один, выпивая разом полный ковшик. — Он первый выдумал этот золотой поход!..

— Черт его побери! — отвечал другой, покачиваясь; — славный малый!.. пьет как бочка, дерется как зверь... и умнее монаха!..

— Ребята!.. у кого из вас не замечен нынешний день на теле зарубкою, тот поди ко мне, я сослужу ему службу!..

— Ах ты хвастун, лях проклятый!.. ты во всё время сидел с винтовкой за анбаром... ха! ха! ха!..

— А ты, рыжий, где спрятался, признайся, когда старик-то заперся в светелке да начал отстреливаться...

— Я, а где бишь! да я тут же был с вами!.. да кто же, если не я, подстрелил того длинного молодца, что с топором высунулся из окна.

— Да это было прежде... ну, а если ты был тут, то скажи, что сделал старый боярин, когда наш Грицко? удалый повалил его сына?..

— Что? ничего!..

— Так врешь! — он положил его поперек окна и, прислонив к нему ружье, выстрелил в десятского... вот повалил-то! как сноп! уж я целил, целил в его меньшую дочь... ведь разбойница! стоит за простенком себе да заряжает ружья... по крайней мере две другие лежали без памяти у себя на постелях...

— А много ваших легло?..

— Да человек десяток есть!.. зато уж мы, как ворвались в дом, всех покрошили, кроме господ... да этим суждено умереть не молодецкой смертью...

— Чего же вы ждете?.. осины есть... веревки есть...

— Да власти нет... старшина велит вести их к Белбородке!..

— Эх, кабы я был старшина!..

Тут ковш еще раз пропутешествовал по рукам и сухой вернулся

к своему источнику!.. умы заклокотали сильнее, и лица разгорелись кровавым заревом.

— Кто вам мешает их убить! разве боитесь своих старшин? — сказал Вадим с коварной улыбкой.

Это была искра, брошенная на кучу пороха!.. "Кто мешает! — заревели пьяные казаки. — Кто смеет нам мешать!.. мы делаем, что хотим, мы не рабы, черт возьми!.. убить, да, убить! отомстим за наших братьев... пойдемте, ребята"... и толпа с воем ринулась к кибиткам; несчастный старик спал на груди своей дочери; он вскочил... высунулся... и всё понял!..

— Чего вы хотите! — сказал он твердым голосом...

— А! старый ворон! старый филин!.. мы тебя выучим воздушной пляске... пожалуй-ка сюда... да выходи же! — сказал один, подтверждая приказание ударом плетью...

Старик медленно вышел из кибитки, дочь выпрыгнула вслед за ним, уцепилась обеими руками за его платье, — "не бойся! — шепнул он ей, обняв одной рукою, — не бойся... если бог не захочет, они ничего не могут нам сделать, если же"... он отвернулся... о, как изобразить выражение лица бедной девушки!.. сколько прелестей, сколько отчаяния!..

— Разнимите их! — закричал один кривой исполин, приготавливая петлю. — Что они лижутся!..

Их хотели растащить... но девушка в бешенстве укусила жестокую руку... "перестань! — сказал отец твердым голосом! — ты этим не поможешь, если мне суждено погибнуть от злодейских рук, без покаяния, как бусурману..."

— Не может быть! не может быть, батюшка... ты не умрешь!

— Отчего же, дочь! не может быть?.. и Христос умер!.. молись...

Она отрывисто качнула головой — и заплакала...

Боже! какие слезы!..

Несмотря на это, их растащили; но вдруг она вскрикнула и упала; отец кинулся к ней, с удивительной силой оттолкнул двух казаков — прижал руку к ее сердцу... она была мертва, бледна, холодна как сырая земля, на которой лежало ее молодое непорочное тело.

— Теперь пойдемте, — сказал старик; его глаза заблистали мрачным пламенем... он махнул рукою... ему надели на шею петлю, перекинули конец веревки через толстый сук и... раздался громкий хохот, потом вдруг молчание, молчание смерти!..

Но увы! еще не кончились его муки; пьяные безумцы прежде времени пустили конец веревки, который взвился кверху; мученик сорвался, ударился о-земь, — и нога его хрустнула... он застонал и повалился возле трупа своей дочери. "Убийцы! — прохрипел он... — вот вам мое проклятье! проклятье!.." — "Заткни ему горло!" — сказал Орленко... это было сожаленье...

Два ножа в минуту воткнулись в горло старика, и он умолк.

Когда казаки, захотев увериться в его кончине, стали приподнимать его за руки, то заметили, что в последних судорогах он крепко ухватил ногу своей дочери, впился в нее костяными пальцами, которые замерли на нежном теле... О, это было ужасно... они смеялись!..

Божественная, милая девушка! и ты погибла, погибла без возврата... один удар — и свежий цветок склонил голову!.. твое слабое сердце, как нить истлевшая — разорвалось... Ни одно рыдание, ни одно слово мира и любви не усладило отлета души твоей, резвой, чистой, как радужный мотылек, невинной, как первый вздох младенца... грозные лица окружали твое сырое смертное ложе, проклятие было твоим надгробным словом!.. какая будущность! какое прошедшее! и всё в один миг разлетелось; так иногда вечером облака дымные, багряные, лиловые гурьбой собираются на западе, свиваются в столпы огненные, сплетаются в фантастические хороводы, и замок с башнями и зубцами, чудный, как мечта поэта, растет на голубом пространстве... но дунул северный ветер... и разлетелись облака, и упадают росою на бесчувственную землю!.. Мир с тобою, дева красоты, да ангел твой хранитель споет над твоим прахом песнь мира, любви и прощанья...

А между тем Вадим стоял неподвижно, смотрел на нее и на старика так же равнодушно и любопытно, как бы мы смотрели на какой-нибудь физический опыт! он, чье неуместное слово было всему виною...

Погодите, это легко объяснить вам.

Во-первых, он хотел узнать, какое чувство волнует душу при виде такой казни, при виде самых ужасных мук человеческих — и нашел, что душу ничего не волнует.

Во-вторых, он хотел узнать, до какой степени может дойти непоколебимость человека... и нашел, что есть испытания, которых перенесть никто не в силах... это ему подало надежду увидать слезы, раскаяние Палицына — увидать его у ног своих, грызущего землю в бешенстве, целующего его руки от страха... надежда усладительная, нет никакого сомнения.

Уж было темно; огни догорали, толпа постепенно умолкала, и многие уж спали беззаботно...

Луна, всплывая на синее небо, осеребрила струи виющейся речки и туманную отдаленность; черные облака медленно проходили мимо нее, как ночной сторож ходит взад и вперед мимо пылающего маяка...

Вадим сидел на своем прежнем месте, под толстой березой, сложа руки и угрюмо глядя на небо. К нему подошел Орленко:

— Посмотри, как весело! отчего ты один сердит, задумчив, горбач? — сказал он, ударив его по плечу.

— Ты видишь это облако, которое как медвежья косматая шуба висит над месяцем?.. — отвечал Вадим, приподняв голову с презрительной усмешкой.

— Вижу!

— Ну а как ты думаешь, что таится в глубине его?..

— Что?.. по-моему, гром и молния — вишь как насупилось...

— И ты спрашиваешь, зачем я угрюм и молчалив?..

Орленко, не поняв горбача, пожал плечами и отошел прочь...

ГЛАВА XXIV

Теперь оставим пирующую и сонную ватагу казаков и перенесемся в знакомую нам деревеньку, в избу бедной солдатки; дело подходило к рассвету, луна спокойно озаряла соломенные кровли дворов, и всё казалось погруженным в глубокий мирный сон; только в избе солдатки светилась тусклая лучина и по временам раздавался резкий грубый голос солдатки, коему отвечал другой, чрезвычайно жалобный и плаксивый — и это покажется чрезвычайно обыкновенным, когда я скажу, что солдатка била своего сына! Я бы с великим удовольствием пропустил эту неприятную, пошлую сцену, если б она не служила необходимым изъяснением всего следующего; а так как я предполагаю в своих читателях должную степень любопытства, то не почитаю за необходимость долее извиняться.

— Ах ты лентяй! чтоб тебе сдохнуть... собачий сын!.. — говорила мать, таская за волосы своего детища.

— Матушки, батюшки! помилуй!.. золотая, серебряная... не буду! — ревел длинный балбес, утирая глаза кулаками!.. — я вчера вишь понес им хлеба да квасу в кувшине... вот, слышь, мачка, я шел... шел... да меня леший и обошел... а я устал да и лег спать в кусты, мачка... вот, когда я проснулся... мне больно есть захотелось... я всё и съел...

— Ах ты разбойник... экого болвана вырастила, запорю тебя до смерти... — и удары снова градом посыпались ему на голову. "Чай, он, мой голубчик, — продолжала солдатка, — там либо с голоду помер, либо вышел да попался в руки душегубам... а ты, нечесаная голова, и не подумал об этом!.. да знаешь ли, что за это тебя черти на том свете живого зажарят... вот родила я какого негодяя, на свою голову... уж кабы знала, не видать бы твоему отцу от меня ни к....а!" — и снова тяжкие кулаки ее застучали о спину и зубы несчастного, который, прижавшись к

132

печи, закрывал голову руками и только по временам испускал стоны почти нечеловеческие.

И за дело! бедные изгнанники по милости негодяя более суток оставались без пищи, и отчаяние уже начинало вкрадываться в их души!.. и в самом деле, как выйти, где искать помощи, когда по всем признакам последние покровители их покинули на произвол судьбы?

Между тем, пока солдатка била своего парня, кто-то перелез через частокол, ощупью пробрался через двор, заставленный дровнями и колодами, и взошел в темные сени неверными шагами; усталость говорила во всех его движениях; он прислонился к стене и тяжело вздохнул; потом тихо пошел к двери избы, приложил к ней ухо и, узнав голос солдатки, отворил дверь — и взошел; догорающая лучина слабо озарила его бледное исхудавшее лицо... не говоря ни слова, он в изнеможении присел на скамью и закрыл лицо руками...

Хозяйка вскрикнула при виде незваного гостя, но вскоре, вероятно узнав его и опасаясь свидетелей, поспешно притворила дверь и подошла к нему с видом простодушного участия.

— Что с тобою, мой кормилец!.. ах, матерь божия!.. да как ты зашел сюда... слава богу! я думала, что тебя злодеи-то давным-давно извели!..

— Случайно я нашел батюшку в Чертовом логовище, — отвечал он слабым голосом... — ты его спасла! благодарю... я пришел за хлебом.

— Ах я проклятая! ах я безумная! — а вы там, чай, родимые, голодали, голодали.. нет, я себе этого не прощу... а ты, болван неотесанный, — закричала она, обратясь к сыну, — всё это по твоей милости! собачий сын... и снова удары посыпались на бедняка.

— Дай мне чего-нибудь! — сказал Юрий...

Эти слова напомнили ей дело более важное! она вынула из печи хлеба, поставила перед ним горшок снятого молока, и он с жадностью кинулся на предлагаемую пищу... в эту минуту он забыл всё: долг, любовь, отца, Ольгу, всё, что не касалось до этого благодатного молока и хлеба. Если б в эту минуту закричали ему на ухо, что сам грозный Пугачев в 30 шагах, то несчастный еще подумал бы: оставить ли этот неоцененный ужин и спастись — или утолить голод и погибнуть!.. у него не было уже ни ума, ни сердца — он имел один только желудок!

Пока он ел и отдыхал, прошел час, драгоценный час; восток белел неприметно; и уже дальние края туманных облаков начинали одеваться в утреннюю свою парчевую одежду, когда Юрий, обремененный ношею съестных припасов, собирался выйти из гостеприимной хаты; вдруг раздался на улице конский топот, и кто-то проскакал мимо окон; Юрий побледнел, уронил мешок и значительно взглянул на остолбеневшую хозяйку... она подбежала к окну, всплеснула руками, и простодушное загорелое лицо ее изобразило ужас.

— Делать нечего! — сказал Юрий, призвав на помощь всю свою твердость... — не правда ли! я погиб. Говори скорее, потому что я не люблю неизвестности!..

Но хозяйка не отвечала; она приподняла половицу возле печи и указала на отверстие пальцем; Юрий понял сей выразительный знак и поспешно спустился в небольшой холодный погреб, уставленный домашней утварью!

— Что бы ты ни слыхал, что бы в избе ни творили со мной, барин, — не выходи отсюда прежде двух ден, боже тебя сохрани, здесь есть молоко, квас и хлеб, на два дни станет! — и тяжелая доска, как гробовая крышка, хлопнула над его головою!..

Хозяйка, чтоб не возбудить подозрений, стала возиться у печи, как будто ни в чем не бывало.

Скоро дверь распахнулась с треском, и вошли казаки, предводительствуемые Вадимом.

— Здесь был Борис Петрович Палицын с охотниками, — спросил Вадим у солдатки, — где они?..

— На заре, чем свет, уехали, кормилец!

— Лжешь; охотники уехали — а он здесь!..

— И, помилуйте, отцы родные, да что мне его прятать! ведь он, чай, не мой барин...

— В том-то и сила, что не твой! — подхватил Орленко... и, ударив ее плетью, продолжал:

— Ну, живо поворачивайся, укажи, где он у тебя сидит... а не то...

— Делайте со мною, что угодно, — сказала хозяйка, повесив голову, — а я знать не знаю, вот вам Христос и святая богородица!.. ищите, батюшки, а коли не найдете, не пеняйте на меня грешную.

Несколько казаков по знаку атамана отправились на двор за поисками и через 1/4 часа возвратились, объявив, что ничего не нашли!..

Орленко недоверчиво посмотрел на Вадима, который, прислонясь к печи и приставив палец ко лбу, казался погружен в глубокое размышление; наконец, как будто пробудившись, он сказал почти про себя: "он здесь, непременно здесь!.."

— Отчего же ты в том уверен? — сказал Орленко.

— Отчего! боже мой! отчего? — я вам говорю, что он здесь, я это чувствую... я отдаю вам свою голову, если его здесь нет!..

— Хорош подарок, — заметил кто-то сзади.

— Но какие доказательства! и как его найти? — спросил Орленко.

Грицко? осмелился подать голос и советовал употребить пытку над хозяйкой.

При грозном слове пытка она приметно побледнела, но ни тени нерешимости или страха не показалось на лице ее, оживленном, быть может, новыми для нее, но не менее того благородными чувствами.

— Пытать так пытать, — подхватили казаки и обступили хозяйку; она неподвижно стояла перед ними, и только иногда губы ее шептали неслышно какую-то молитву. К каждой ее руке привязали толстую веревку и, перекинув концы их через брус, поддерживающий полати, стали понемногу их натягивать; пятки ее отделились от полу, и скоро она едва могла прикасаться до земли концами пальцев. Тогда палачи остановились и с улыбкой взглянули на ее надувшиеся на руках жилы и на покрасневшее от боли лицо.

— Что, разбойница, — сказал Орленко... — теперь скажешь ли, где у тебя спрятан Палицын?

Глубокий вздох был ему ответом.

Он подтвердил свой вопрос ударом нагайки.

— Хоть зарежьте, не знаю, — отвечала несчастная женщина.

— Тащи выше! — было приказание Орленка, и в две минуты она поднялась от земли на аршин... глаза ее налились кровью, стиснув зубы, она старалась удерживать невольные крики... палачи опять остановились, и Вадим сделал знак Орленке, который его тотчас понял. Солдатку разули; под ногами ее разложили кучку горячих угольев... от жару и боли в ногах ее начались судороги — и она громко застонала, моля о пощаде.

— Ага, так наконец разжала зубы, проклятая... небось, как

начнем жарить, так не только язык, сами пятки заговорят... ну, отвечай же скорее, где он?

— Да, где он? — повторил горбач.

— Ох!.. ох! батюшки... голубчики... дайте дух перевести... опустите на землю...

— Нет, прежде скажи, а потом пустим...

— Воля ваша... не могу слова вымолвить... ох!.. ох, господи... спаси... батюшки...

— Спустите ее, — сказал Орленко.

Когда ноги невинной жертвы коснулись до земли, когда грудь ее вздохнула свободно, то казак повторил прежние свои вопросы.

— Он убежал! — сказала она... — в ту же ночь... вон по той тропинке, что идет по оврагу... больше, вот вам Христос, я ничего не знаю.

В эту минуту два казака ввели в избу рыжего, замасленного болвана, ее сына. Она бросила ему взгляд, который всякий бы понял, кроме его.

— Кто ты таков? — спросил Орленко.

— Петруха, — отвечал парень.

— Да, дурачина, кто ты таков?

— А почем я знаю... говорят, что мачкин сын...

— Хорош! — сказал захохотав Орленко... — да где вы его нашли?..

— Зарылся в соломе по уши около анбара; мы идем, ан, глядь, две ноги торчат из соломы... вот мы его оттуда за ноги... уже тащили... тащили... словно лодку с отмели...

— Послушай, Орленко, — прервал Вадим, — мы от этого дурака можем больше узнать, чем от упрямой ведьмы, его матери!..

Казак кивнул головой в знак согласия.

— Только его надо вывести, иначе она нам помешает.

— И то правда, — выведи-ка его на двор, — сказал Орленко, — а эту чертовку мы запрем здесь...

Услышав это, хозяйка вспыхнула, глаза ее засверкали...

— Послушай, Петруха, — закричала она звонким голосом, — если скажешь хоть единое словцо, я тебя прокляну, сгоню со двора, заморю, убью!..

Он затрепетал при звуках знакомого ему голоса; онемение, произведенное в нем присутствием стольких незнакомых лиц, еще удвоилось; он боялся матери больше, чем всех казаков на свете, ибо привык ее бояться; сопроводив свои угрозы значительным движением руки, она впала в задумчивость и казалась спокойною.

Прошло около десяти ужасных минут; вдруг раздались на дворе удары плети, ругательства казаков и крик несчастного. Ее материнское сердце сжалось, но вскоре мысль, что он не вытерпит мучений до конца и выскажет ее тайну, овладела всем ее существом... она и молилась, и плакала, и бегала по избе, в нерешимости, что ей делать, даже было мгновенье, когда она почти покушалась на предательство... но вот сперва утихли крики; потом удары... потом брань... и наконец она увидала из окна, как казаки выходили один за одним за ворота, и на улице, собравшись в кружок, стали советоваться между собою. Лица их были пасмурны, омрачены обманутой надеждой; рыжий Петруха, избитый, полуживой, остался на дворе; он, охая и стоная, лежал на земле; мать содрогаясь подошла к нему, но в глазах ее сияла какая-то высокая, неизъяснимая радость: он не высказал, не выдал своей тайны душегубцам.

www.ingramcontent.com/pod-product-compliance
Lightning Source LLC
Chambersburg PA
CBHW010810250626

47156CB00010B/3057